자녀와 부모가 함께 쉽게 읽는
1년 365일 성경

이 소중한 책을

특별히 _____님께

드립니다.

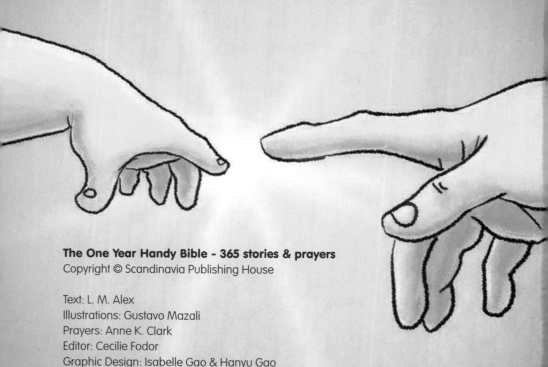

The One Year Handy Bible - 365 stories & prayers
Copyright © Scandinavia Publishing House

Text: L. M. Alex
Illustrations: Gustavo Mazali
Prayers: Anne K. Clark
Editor: Cecilie Fodor
Graphic Design: Isabelle Gao & Hanyu Gao

This book is published in Korean by Nachimvan Publishing Co.
with the permission of Scandinavia Publishing House.
ⓒ나침반출판사

자녀와 부모가 함께 쉽게 읽는

1년 365일
성경

개인묵상용
가정예배용

성경 전서의 흐름에 따라 분류한
365편 성경 상황들 / 365편 생활 기도문

나침반

기뻐하며, 감사합시다!

어떤 상황에서도
두려워 말고 주 하나님을 의지합시다.
주님은 지혜로우시며
누구보다도 강한 분이시며
우리의 힘이시고, 방패와 피난처입니다.

모든 것을 아시는 주님께서는
우리와 함께하시며
우리가 기도로 도움을 구할 때마다
가장 좋은 것으로 응답해 주십니다.
선하신 주님이 우리를 위해 위대한 일을 하십니다.
주님을 기뻐하며 찬양하며 감사와 영광을 돌립시다.

"좋은 것으로 네 소원을 만족하게 하사 네 청춘을 독수리 같이
새롭게 하시는도다" —시편 103:5

이 책을 알차게 사용하는 방법

A. 가정 예배용으로 사용할 경우

자녀가 인도자가 되어 인도하게 하면 어떨까요? – 강력 추천!

1. 개회 기도나 사도신경으로 신앙 고백함으로 시작
   (제목 아래에 있는 본문 옆에 예배 날짜를 씀)
2. 자녀들도 함께 할 수 있는 찬송
   (어떤 가정은 "좋으신 하나님–1절"을 두 번 반복함)
3. 해당 날짜의 성경 본문이나 책 내용을, 인도자나 지명된 사람이 읽기
4. 함께 기도(페이지 맨 밑에 있는 기도문을 인도자 또는 가족이 함께 읽기)
   기도문 중에 있는 ✚ 표는 "예수님의 이름으로 기도합니다"로 바꾸어 읽기
5. 개인 기도(함께 기도 후 조용히 1분 정도 각자가 필요한 기도하기)
6. 개인 기도 후, 「주님께서 가르쳐주신 기도」 (주기도문)로 예배 마침
7. 선택사항
   ❶ 위의 예배가 끝난 후 「오늘의 본문」 중심으로 느낀 점이나 간증 나누기
   ❷ 「가족 예배 노트」를 따로 준비해, 그날 나눈 이야기를 간단하게 정리해서
      쓰기 (「가족 예배 역사서」로 믿음의 유산이 될 것입니다.)
   ❸ 1년 365일이 끝난 후, 다시 제 「Day 1」 부터 시작하기
   ❹ 혹시 위 순서 중에서 3번과 4번 사이 설교를 추가하고 싶은 분은,
      인터넷 포털사이트 검색창에 「오늘의 성경」 본문을 넣어 나오는 설교 중
      하나를 결정해 자녀의 눈높이에 맞춰 간단하고 쉽게 요약해 읽어주십시오.

B. 개인 경건 예배나 묵상용으로 사용할 경우

위 순서 중 「5. 개인 기도」를 본인이 필요한 만큼 충분히 기도하고, 「예배 노트」를
만들어 그날 「깨달은 은혜」나, 본문 중에서 발견한 「나에게 주시는 약속의 말씀」
을 기록하면 두고두고 더 큰 은혜를 누릴 수 있습니다.

– 나침반출판사 편집팀

목차

구약성경

천지창조 …… 8
하늘과 땅 …… 9
바다와 하늘 …… 10
해와 달 …… 12
새들과 물고기들 …… 13
동물들을 창조하신 하나님 …… 14
인생의 시작 …… 16
에덴동산 …… 18
세상에 태어난 아이들 …… 19
가인과 아벨 …… 20
크고 넓은 세계 …… 21
방주를 지은 노아 …… 22
산 위에 놓인 방주 …… 23
끝이 안 보이는 바다 …… 24
녹색 이파리 …… 26
산 위에 내린 방주 …… 27
동물을 다스리라 …… 28
약속의 상징 무지개 …… 29
하늘로 올라가고 싶은 사람들 …… 30
바벨탑 …… 32
하나님의 충직한 종·욥 …… 34
시험받는 욥 …… 35
고통받는 욥 …… 36
더 큰 보상을 받은 욥 …… 38
고향을 떠나다 …… 39
별을 통해 약속하신 하나님 …… 40
사라의 소원 …… 42
소돔과 고모라 …… 44
약속의 자녀 …… 45
시험받는 아브라함 …… 46
우물가에서 만난 리브가 …… 48
친절한 리브가 …… 49
리브가와 이삭 …… 50
하나님과 대화한 리브가 …… 52
두 형제 …… 53
농부 이삭 …… 54
이삭의 선물 …… 56
거짓말의 값을 치른 야곱 …… 58
바위를 베개 삼은 야곱 …… 59
라헬을 사랑한 야곱 …… 60
야곱의 가축들 …… 62
레아와 라헬의 선택 …… 63
야곱의 새 이름, 이스라엘 …… 64
다시 만난 에서와 야곱 …… 65
채색옷 …… 66
요셉의 꿈 …… 68
형들의 악한 계획 …… 70
이집트에 팔려간 요셉 …… 71
기쁨을 주는 종 …… 72
악랄한 꾀에 걸린 요셉 …… 74
하나님의 보호하심 …… 75

왕을 알현한 요셉 …… 76
총리가 된 요셉 …… 78
7년의 풍년 …… 79
곡식을 사러 온 형제들 …… 80
베냐민을 데리러 간 형들 …… 82
밝혀진 요셉의 정체 …… 83
다시 하나가 된 가족 …… 84
노예가 된 이스라엘 백성 …… 86
바구니에 담긴 아기 …… 87
왕자가 된 모세 …… 88
이집트를 탈출하다 …… 90
불타고 있는 떨기나무 …… 92
뱀이 된 막대기 …… 94
모세의 조력자, 아론 …… 95
왕궁으로 돌아온 모세 …… 96
왕과 대면한 모세 …… 98
시련을 겪는 이집트의 왕 …… 99
개구리로 뒤덮인 이집트 …… 100
이와 파리 재앙 …… 102
가축의 죽음과 종기 재앙 …… 103
어둠이 깔린 이집트 …… 104
이집트를 탈출하는 이스라엘 백성 …… 106
이집트 군대의 추격 …… 108
미리암의 찬양 …… 109
하늘에서 떨어진 만나 …… 110
바위에서 나온 생수 …… 111
계명을 받은 모세 …… 112
십계명 …… 114
성막을 건설한 이스라엘 백성 …… 116
모세의 후계자, 여호수아 …… 117
여호수아의 첩자들 …… 118
약속의 땅 …… 119
무너진 여리고성 …… 120
해와 달의 복종 …… 122
약속의 땅, 가나안 …… 123
사사 드보라 …… 124
승리한 드보라 …… 126
용감한 야엘 …… 127
야엘을 위해 부른 드보라의 노래 …… 128
기드온과 천사 …… 129
우상을 파괴한 기드온 …… 130
하나님의 응답을 구하는 기드온 …… 131
하나님의 전사 …… 132
힘이 센 삼손 …… 134
맨손으로 사자를 잡은 삼손 …… 136
들릴라의 계략 …… 137
삼손의 최후 …… 138
선한 사람, 룻 …… 140
룻의 새로운 출발 …… 142
한나의 간절한 기도 …… 143
한나의 찬양 …… 144
밤중에 사무엘을 부르신 하나님 …… 145

선지자 사무엘 …… 146
잃어버린 나귀 …… 148
이스라엘의 왕 …… 149
이스라엘의 젊은 왕, 사울 …… 150
죄를 지은 사울 왕 …… 152
양치기 소년 다윗 …… 153
다윗과 하프 …… 154
거인 골리앗 …… 156
사울 왕과 다윗 …… 157
다윗과 골리앗 …… 158
다윗의 승리 …… 160
구원을 주신 하나님 …… 161
사울 왕의 질투 …… 162
다윗에게 창을 던진 사울 …… 164
선하신 하나님을 믿으라 …… 165
공주 미갈 …… 166
하나님을 기다리라 …… 167
다윗을 만난 요나단 …… 168
요나단이 보낸 신호 …… 170
갈급한 영혼 …… 171
거룩한 떡과 골리앗의 검 …… 172
다윗을 쫓아온 사울 왕 …… 174
사울 왕을 무시히 보내준 다윗 …… 175
사울 왕의 사과 …… 176
강하고 담대하라 …… 178
지혜로운 아비가일 …… 179
또다시 사울 왕을 살려준 다윗 …… 180
블레셋 땅으로 도망친 다윗 …… 182
어려운 중에 도움이 되시는 주님 …… 183
무당을 찾아간 사울 왕 …… 184
애통하는 다윗 …… 185
선하고 진실한 왕, 다윗 …… 186
기쁨의 노래 …… 188
다윗의 통치 …… 189
되찾은 언약궤 …… 190
요나단의 아들을 돌보다 …… 192
밧세바 …… 193
나단이 전해 준 이야기 …… 194
다윗의 회개 …… 195
아들을 잃은 다윗 …… 196
다윗이 꿈꾸던 성전 …… 197
아들에게 쫓겨난 다윗 …… 198
선하신 하나님 …… 199
슬픔의 찬양 …… 200
다윗의 마지막 노래 …… 202
새로운 왕, 솔로몬 …… 203
솔로몬을 축복하는 다윗 …… 204
다윗이 마지막으로 남긴 말 …… 206
솔로몬의 소원 …… 207
하나님의 약속 …… 208
어떤 사람이 지혜로운 사람인가? …… 209
지혜로운 재판관 …… 210

이루어진 다윗의 꿈 …… 212
하나님을 위한 집 …… 214
성전을 완성한 솔로몬 …… 215
사냥꾼에게서 벗어나는 노루같이 …… 216
개미를 보고 배우라 …… 217
솔로몬을 찾아온 스바의 여왕 …… 218
역사상 가장 부유한 왕 …… 220
감사하라 …… 221
너를 아시는 하나님 …… 222
왕의 진정한 사랑 …… 224
사랑에 빠진 솔로몬 …… 225
현숙한 여인 …… 226
공평하신 하나님 …… 227
가장 위대한 왕의 몰락 …… 228
모든 것의 때 …… 230
어리석은 솔로몬의 아들 …… 232
선지자 엘리야 …… 234
선지자가 전할 말 …… 235
엘리야를 위로하신 하나님 …… 236
가난한 여인을 만난 엘리야 …… 238
가난한 여인의 마지막 식사 …… 239
가난한 여인의 아들 …… 240
하늘에서 떨어진 불 …… 242
파수꾼 에스겔 …… 244
엘리야를 찾아온 천사 …… 245
고요함 중에 임하신 하나님 …… 246
농부 엘리사 …… 247
포도원을 빼앗은 아합 왕 …… 248
아합 왕의 회개 …… 250
전쟁을 바라는 아합 왕 …… 251
참된 선지자 미가야 …… 252
선지자 오바댜의 말 …… 254
난간에서 떨어진 왕 …… 255
엘리야의 불 …… 256
엘리사의 존경과 사랑 …… 258
하늘로 올라간 엘리야 …… 259
선지자 엘리사 …… 260
엘리사의 대답 …… 262
오염된 물 …… 263
세 왕을 만난 엘리사 …… 264
항아리를 가득 채운 기름 …… 265
엘리사를 대접한 여인 …… 266
약속대로 태어난 아들 …… 268
아들이 다시 살아나다 …… 270
하나님의 음성 …… 271
내가 너를 강하게 만들 것이다 …… 272
선을 행한 어린 소녀 …… 273
지혜로운 하인 …… 274
피부병이 나은 나아만 장군 …… 276
물 위에 뜬 도끼 …… 277
채우시는 하나님 …… 278
반드시 봄이 온다 …… 280

선택받은 왕, 예후·······281
큰 물고기에게 먹힌 요나·······282
요나의 두 번째 기회·······284
메마른 땅·······285
마지막 왕·······286
용서하시는 하나님·······288
나라를 잃은 이스라엘 백성·······289
하나님이 부르신 선지자 예레미야·······290
왕에게 선택받은 다니엘·······291
느부갓네살 왕의 꿈·······292
다니엘의 해몽·······294
선하신 하나님·······295
다니엘의 세 친구·······296
금으로 만든 신상·······297
불속의 천사·······298
하나님을 인정한 왕·······300
벽에 나타난 글씨·······301
사자 굴의 다니엘·······302
강에 나타난 천사·······304
기뻐하며 감사하라·······305
예루살렘으로의 귀환·······306
새로운 왕비·······308
왕비가 된 에스더·······309
왕비의 비밀·······310
충직한 신하 느헤미야·······311
하나님께 돌아오라·······312
귀환·······313
재건된 도시·······314
사랑의 창문·······316
하나님이 창조하실 새 나라·······317
높은 곳에 계시는 주님·······318
태어날 구세주·······319

신약성경

빛이신 하나님·······320
마리아를 찾아온 천사·······322
요셉을 찾아온 천사·······324
예수님의 호칭들·······325
마리아와 엘리사벳·······326
천사를 만난 사가랴·······328
요한의 탄생·······329
첫 성탄절·······330
들판의 목동들·······332
아기 예수님의 손님들·······333
아기 예수님을 찾아온 동방박사들·······334
예수님을 축복한 시므온·······336
선지자 안나·······338
무럭무럭 자라나는 예수님·······339
소년이 된 예수님·······340
세례(침례) 요한·······342
요한의 가르침·······344
세례(침례)를 받은 예수님·······346
광야의 시험·······348
예수님의 부르심·······349

가나안의 혼인 잔치·······350
예수님을 찾아온 니고데모·······352
하나님의 아들·······353
우물가의 여인·······354
지붕을 뚫고 내려온 환자·······356
베데스다 연못·······358
산에서 가르치시는 예수님·······360
진정한 축복·······361
새와 꽃을 보라·······362
주님이 가르쳐주신 기도·······363
열매 맺은 나무·······364
반석 위에 지은 집·······366
예수님의 치유 사역·······367
예수님을 기쁘게 만든 믿음·······368
예수님의 대답·······370
막달라 마리아·······371
겨자씨만 한 믿음·······372
완벽한 진주·······374
가득한 그물·······375
바다 위의 예수님·······376
풍랑을 멈추신 예수님·······378
병약한 야이로의 딸·······380
여인의 믿음·······382
죽어버린 야이로의 딸·······384
다시 살아난 소녀·······385
오병이어의 기적·······386
물 위를 걸으신 예수님·······387
물 위를 걸은 베드로·······388
생명의 떡·······390
베드로의 고백·······391
탁자 위의 등불·······392
빛으로 둘러싸인 예수님·······393
아이들을 사랑하신 예수님·······394
유대인의 명절·······396
예수님을 도운 니고데모·······398
죄지은 여인을 용서하신 예수님·······399
선한 목자·······400
주님을 따르는 제자들·······401
선한 사마리아인·······402
하나님께 간청하라·······404
어리석은 부자·······405
충실한 종·······406
잃어버린 동전·······408
돌아온 탕자·······410
잠든 나사로·······411
돌을 굴리신 예수님·······412
되살아난 나사로·······413
예수님을 찾아온 아픈 사람들·······414
단 한 명의 감사·······416
예수님과 아이들·······418
예수님을 찾아온 부자 청년·······420
바늘구멍과 낙타·······421
나무에 올라간 삭개오·······422
변화된 삭개오·······424

값비싼 향유·······425
예수님이 타실 나귀·······426
예수님의 예루살렘 입성·······427
상인들을 쫓아내신 예수님·······428
산과 같은 믿음·······429
두 자녀의 비유·······430
최후의 만찬·······431
천국으로 가는 길·······432
포도나무와 가지·······434
항상 기뻐하라·······435
붙잡힌 예수님·······436
예수님을 부인한 베드로·······438
우리를 위해서·······440
아리마대의 부자 요셉·······442
무덤을 지키는 경비병·······444
돌 위의 천사·······445
다시 살아나신 예수님·······446
예수님의 부활·······448
기쁜 소식을 전하는 여인들·······450
예수님의 무덤을 찾아간 베드로·······451
마리아와 비어있는 무덤·······452
예수님과 마리아·······454
사람들 앞에 나타나신 예수님·······455
도마의 의심과 믿음·······456
가득 찬 그물·······458
예수님과 베드로·······459
하늘로 올라가신 예수님·······460
성령의 선물·······462
앉은뱅이를 걷게 한 베드로·······464
복음을 전하러 떠난 빌립·······465
감옥에 나타난 천사·······466
스데반의 순교·······468
마술사 시몬·······470
세례(침례)를 받은 아프리카의 귀족·······471
하나님을 만난 사울·······472
용기를 낸 사도들·······474
구원받은 사울·······476
큰 사랑을 받았던 도르가·······478
모든 사람을 환영하는 하나님·······479
지진으로 열린 문·······480
구원받은 간수·······481
로마로 떠나는 바울·······482
난파된 사람들·······484
바울이 교회에 쓴 편지·······486
제일인 사랑·······488
참된 사랑이란·······489
예수님이 주시는 평안·······490
화를 다스리는 법·······492
선과 악·······494
유일한 세상의 빛·······495
세상의 시작과 끝·······496
천국의 기쁨·······498

천지창조

창세기 1:1-5

우리가 사는 세상은 이렇게 시작되었답니다.
태초에 온 세상은 어둠뿐이었어요.
우리가 사는 지구는 아직 세상에 없었고
하늘의 해와 달도 없었어요.
그러나 그때에도 하나님은
영원 전부터 계셨어요.
그리고 하나님은 세상을 창조할 계획을 갖고 계셨죠.
하나님이 말씀하셨어요.
"빛이 있으라!"
그러자 어둠의 세상에 빛이 생겨났어요.
하나님이 창조하신 이 빛은
하나님의 선하신 사랑을 나타내는 빛나는 햇살이 되어
온 우주를 가로질러 뻗어나갔어요.

사랑하는 주 하나님, 빛을 만드신 주님이 저와 함께 계신다는 사실을 믿습니다.
주 예수님을 믿음으로 제가 어둠을 두려워하지 않게 도와주세요. ✚ 아멘!

하늘과 땅

창세기 1:6-8

하나님이 세상을 창조하신 둘째 날이었어요.
하나님은 땅을 만드셨고
창공 위에 있는 물과 창공 아래에 있는 물을 나누어
우주의 넓은 공간을 만드셨어요.
하나님은 우주와 땅 사이에 있는 넓은 공간을
푸른 하늘로 채우셨어요.
이제 우리가 아는 밤이 생겼고, 낮도 생겼어요.
우리가 아는 우주도 생겼고, 지구도 생겼어요.
그리고 그때나 지금이나 여전히 하나님은 존재하셨어요.

사랑하는 주 하나님, 세상에 아무것도 존재하지 않았을 때도 주님은 이미 계셨어요.
주님은 그 무엇, 그 누구와도 비교할 수 없는 가장 강력한 존재세요.
가장 위대한 존재이신 주님이 저를 사랑해주심에 감사하게 해주세요 ✚ 아멘!

바다와 하늘

창세기 1:9-13

하나님은 계속해서 세상을 창조하셨어요.
셋째 날이 되자 하나님은 바다를 만드셨어요.
하나님은 바다 아래 땅을 위로 올려서 육지를 만드셨어요.
"풀들아 생겨나라. 나무와 식물들아 생겨나라."
하나님의 말씀을 따라 풀과 나무, 다양한 식물들이 생겨났어요.
이제 지구에서는 생명체들이 자라날 수 있게 되었어요.
하나님은 자신이 창조하신 아름다운 세상을 보고 만족하셨어요.

사랑하는 주 하나님, 주님은 모든 것을 아름답게 창조하셨어요.
저를 위해 하늘과 구름, 물과 나무들을 창조해 주셔서 감사해요.
주님이 지으신 만물과 세계를 보면서 늘 감사하게 해주세요. ✚ 아멘!

해와 달

창세기 1:14-19

하나님이 세상을 창조하신 넷째 날이었어요.
하나님은 해를 창조하셨어요.
그리고 하나님은 달을 만들어 밤에도 빛을 볼 수 있게 하시고
하늘을 별들로 가득 채우셨어요.
해는 낮 동안 세상을 가득 채울 환한 빛을 비춰주었어요.
낮에는 햇볕이, 밤에는 달빛이 우리가 사는 세상을 비춰주었어요.
하나님은 넷째 날 창조하신 세상을 보시며 만족하셨어요.

사랑하는 주 하나님, 낮의 햇볕도 밤의 달빛도 만드신 분은 바로 주님이십니다.
환한 낮에도, 어두운 밤에도 주님이
우리와 함께 하신다는 사실을 잊지 않게 도와주세요. ✛ 아멘!

새들과 물고기들

창세기 1:20-23

하나님은 세상에 생명을 창조하셨어요.
하나님이 말씀하셨어요.
"바다는 온갖 물고기들로 가득 차거라.
하늘은 많고 많은 새들로 충만하거라."
하나님의 말씀을 따라 바다의 생물들이 생겨났어요.
새들이 달리고, 뛰고, 날게 창조하신 분도 바로 하나님이세요.
하나님은 다섯째 날 창조하신 새들과 물고기들을 보시고
만족하셨어요.
"생육하고, 번성하라. 땅에 충만하라."
하나님이 물고기들과 새들을 축복하셨고
하나님의 말씀대로 모든 것이 이루어졌어요.

사랑하는 주 하나님, 세상의 모든 물고기와 새들도
주님의 놀라운 작품인 줄 믿습니다. 생김새는 다를지라도 이 모든 것이
주님이 창조하신 생물들이기에 저도 사랑하게 해주세요. ✚ 아멘!

동물들을 창조하신 하나님

창세기 1:24-26

새들과 물고기들을 창조하신 하나님은 다음날 동물들을 창조하셨어요.
어떤 동물들은 걸어 다녔고 어떤 동물들은 기어 다녔어요.
살금살금 걷는 동물들, 껑충껑충 뛰는 동물들…
모두 하나님이 만드셨어요.
동물들을 창조하신 하나님은 마지막으로 사람을 창조하셨어요.
하나님은 자신의 형상을 닮은 남자와 여자를 창조하셨어요.
바다는 온갖 종류의 물고기로 가득했고
하늘에는 많은 새들이 날아다녔어요.
땅에는 날고, 기고, 뛰는 여러 동물들이 가득했어요.
하나님은 이 모든 것들을 마지막에 창조하신 사람에게 맡기셨어요.

사랑하는 주 하나님, 지구에 많은 동물들을 창조해 주셔서 감사해요.
주님이 만드신 모든 창조물은 개성 있고 독특한 최고의 작품들이에요.
저도 주님 보시기에 최고의 작품이 되게 해주세요. ✚ 아멘!

인생의 시작

창세기 2:1-7

하나님은 세상을 바다와 태양, 식물들, 동물들…과 같이
경이로운 것들로 가득 채우셨어요.
하나님이 창조하신 아름다운 동산에는 동물들이 뛰어다니고
식물들이 풍성하게 자라고 나무들은 가지를 쭉쭉 뻗으며 성장했어요.
힘차게 흐르는 강들과 멋지게 떨어지는 폭포들….
이런 축복 가운데 사람의 인생은 시작됐어요.
하나님은 창조하신 남자와 여자에게 생명을 불어넣어 주셨어요.
아담과 이브(하와)는 하나님이 창조하신 첫 번째 사람이었어요.
하나님 덕분에 생명을 얻은 아담과 이브는
하나님이 창조하신 놀라운 세상 속에서
살아가는 큰 복을 허락받았어요.
천지창조를 마치신 하나님은
일곱째 날을 축복하시고 휴식을 명하셨어요.

사랑하는 주 하나님, 주님이 창조하신 자연은 너무 신기하고 아름다워요.
제가 기쁨을 느낄 수 있도록 아름다운 자연을 창조해 주셔서 감사해요.
아름다운 자연을 볼 때마다 주님을 찬송하게 해주세요. ✚ 아멘!

17

에덴동산

창세기 2:8-3:24

아담과 이브는 에덴동산에서 살아가고 있었어요.
에덴동산은 풍성한 식물과 많은 종류의 동물,
그리고 먹을 것이 풍성한 아름다운 곳이었어요.
하나님은 이 아름다운 공간에서 아담과 이브에게
단 한 가지만을 금지시키셨어요.
"동산의 중앙에 있는 선악과만은 절대로 먹지 말아라."
어느 날 아담과 이브는 하나님이 왜 이런 계명을 주셨는지 궁금했어요.
호기심을 이기지 못하고 선악과를 먹은 아담과 이브를
하나님은 에덴동산에서 쫓아냈어요.
에덴동산에서 쫓겨난 아담은 땀 흘려 일해야만
먹을 것을 얻을 수 있었어요.
비록 계명을 어겨서 에덴동산에서 쫓겨났지만
하나님은 여전히 아담과 이브를 지켜보셨고, 그들을 사랑하셨어요.

사랑하는 주 하나님, 우리를 향한 주님의 사랑은 결코 멈추지 않는다는 사실을 알고 있어요.
제가 때로는 주님을 슬프게 하는 나쁜 일을 한다고 해도 주님은 여전히 저를 사랑하심을 믿어요.
제가 다시 바른 길로 돌아올 수 있게 도와주세요. ✚ 아멘!

세상에 태어난 아이들

창세기 4:1–7

비록 에덴동산에서 쫓겨났지만 아담과 이브는
하나님이 주신 놀라운 선물을 받았어요.
에덴동산을 떠났지만 이브는 곧 아이를 임신했어요.
그중에 하나님이 주신 귀한 선물인 가인이 태어났고,
동생 아벨도 태어났어요.
하나님은 정말로 선하신 분이세요.
두 아이는 무럭무럭 자라서 아주 특별한 어린이가 됐어요.
가인은 농부가 돼서 밭을 경작했고
아벨은 목동이 돼서 양들을 키웠어요.

사랑하는 주 하나님, 우리가 예상치 못하는 놀라운 일들을 주셔서 감사해요.
제가 누리는 모든 좋은 것들이
주님으로부터 온 것이라는 사실을 잊지 않게 도와주세요. 아멘!

가인과 아벨

창세기 4:8-17

아벨은 행복한 미소를 지으며 지내고 있었고,
반대로 가인은 두려움과 불안에 떨며 지내고 있었어요.
하나님이 아벨의 제사(예배)만 받아주시고
정성이 부족한 가인의 제사는 받아주시지 않았기 때문이에요.
가인은 하나님이 아벨만 편애한다고 생각했어요.
아벨을 시기 질투하던 가인은 어느 날 화를 참지 못하고
아벨을 죽였어요.
그러고는 하나님께 아벨을 죽이지 않았다고 거짓말을 했어요.
모든 비밀을 다 알고 계신 하나님은
가인을 추방시켜 사막을 떠돌게 하셨어요.
쫓겨난 가인은 잘못을 뉘우치고 하나님께 간절히 기도했기에
하나님은 가인이 어딜 가도 안전할 수 있도록 지켜주셨어요.
가인은 하나님의 보호 덕분에 한 곳에 정착해 가족을 꾸렸어요.

사랑하는 주 하나님, 우리가 잘못을 했을 때도 주님이
여전히 우리를 사랑하는 것이 은혜임을 배웠어요.
항상 저를 사랑하시고 은혜를 베풀어주시는 주님께 감사하게 해주세요. ✚ 아멘!

크고 넓은 세계

창세기 6:1-10

아담의 자손들이 점점 번성하면서
세상에 사람들이 넘쳐나기 시작했어요.
사람들이 이토록 번성할 수 있었던 것은 하나님이 빛을 창조하신 뒤
세상을 형형색색의 아름다운 생명이 가득 차도록
만드셨기 때문이었어요.
그러나 사람들은 점점 하나님을 믿지 않았고
악하고 교활한 일들을 행했어요.
하나님은 이런 사람들 때문에 매우 큰 슬픔에 빠지셨죠.
그러나 노아만은 하나님을 믿고
하나님이 기뻐하시는 일을 하며 살았어요.
노아는 하나님을 믿었기 때문에 세상 모든 사람들이
악한 일을 행해도 같이 죄를 짓지 않았어요.

사랑하는 주 하나님, 저를 잊지 않고 늘 기억해 주심에 감사드려요.
저도 주님을 잊지 않게 도와주시고,
주님의 음성에 귀 기울이게 해주세요. ✚ 아멘!

방주를 지은 노아

창세기 6:11-22

노아는 온 마음을 다해 하나님을 사랑했기에
산 위에 방주(배)를 지으라는 하나님의 황당한 명령에도 순종했어요.
사람들은 자기들이 보기에 좋은 일만 했고
하나님의 말씀에는 아무 관심이 없었어요.
이런 이유로 하나님은 너무 슬펐지만
세상을 홍수로 심판하기로 하셨어요.
노아는 크고 튼튼한 방주를 만들기 시작했어요.
하나님은 노아가 만든 방주에 세상 모든 동물들을
한 쌍씩 태우라고 말씀하셨어요.
한편, 산 위에 방주를 짓는 노아를 본 사람들은
참으로 어리석은 짓이라고 비웃었어요.
그때까지도 비가 세상에 내린 적이 없었어요.

사랑하는 주 하나님, 주님의 계획이 때때로 이해가 되지 않거나
우스워 보일 때도 있어요. 그러나 세상을 이끄시는 분은
결국 주님이시라는 사실을 알고 제가 순종하게 해주세요. ✚ 아멘!

산 위에 놓인 방주

창세기 7:1-16

모든 동물들이 하나님의 뜻에 따라 방주에 들어갔어요.
마지막으로 노아의 가족이 방주에 들어간 후
하나님의 명령을 따라 문을 굳게 닫았어요.
바다가 아닌 메마른 땅에
크고 튼튼한 방주가 있는 모습은 매우 이상했어요.
방주 근처에는 바다는커녕 작은 호수조차 없었어요.
그런데 하늘에서 마치 구멍이라도 난 듯이
비가 쏟아져 내리기 시작했어요.
땅을 가득 채울 정도로 쏟아져 내린 비 때문에
어느새 방주가 물 위에 떴어요.
결국 하나님의 명령을 따른 노아가 옳았어요.

사랑하는 주 하나님, 저는 세상의 모든 일의 정답이
무엇인지 알지 못해요. 그러나 주님은 알고 계세요.
제가 어떤 일을 해야 하는지 주님이 알려주세요. 아멘!

끝이 안 보이는 바다

창세기 7:17-8:8

비는 무려 40일 동안 밤낮 멈추지 않고
하늘에서 쏟아져 내렸어요.
지구의 온 땅은 물로 뒤덮였어요.
강과 호수도 점점 넓어져 어느새 땅이 조금도
보이지 않을 정도로 지구는 바다로 덮였어요.
마침내 비는 그쳤지만 지구는 여전히 바다였어요.
노아가 방주의 창문을 열고 바라본 세상은 끝이 없는 바다였어요.
방주를 정박할 곳을 찾기 위해
노아는 비둘기 한 마리를 창밖으로 날려 보냈어요.
노아는 어딘가 마른 땅이 있다면 비둘기가 돌아오지 않거나
어떤 신호를 가져다줄 것이라고 믿었어요.

사랑하는 주 하나님, 가장 완벽한 때에 좋은 것을 주시는 주님이심을 믿어요.
제 삶에 좋은 것을 주실 주님을 믿고 기도하며 기다릴 수 있게 해주세요. ✚ 아멘!

녹색 이파리

창세기 8:9-12

노아가 날린 비둘기는 빈손으로 방주로 돌아왔어요.
노아와 가족들은 아직 방주에서 더 머물러야 함을 깨달았어요.
노아는 땅이 마르기를 며칠 더 기다렸다가
다시 한번 비둘기를 날려 보냈어요.
비둘기는 지난번과는 다르게 녹색 이파리를 입에 물고 돌아왔어요.
노아는 비둘기를 통해 드디어 땅이 마르기 시작했다는 걸 알게 됐어요.

사랑하는 주 하나님, 주님은 저를 향한 놀라운 계획을 갖고 계심을 알아요.
힘든 순간을 겪고 있을 때에도 선하신 주님을 믿고 기다릴 수 있는 믿음을 주세요. ✚ 아멘!

산 위에 내린 방주

창세기 8:13-19

방주가 머물러 있는 산 위에서도 물이 점점 낮아지며
땅이 드러나는 모습이 보였어요.
하나님이 노아에게 말씀하셨어요.
"이제 방주에서 내릴 때란다."
방주의 문이 열리자 안에 있던 모든 동물들이 차례차례 내리며
다시 드러난 육지로 퍼져 나갔어요.
홍수로 인해 더러운 것들이 씻겨 나간 세상은 아름답고 새로워졌어요.

사랑하는 주 하나님, 힘든 시기가 지나가는 것만큼 좋은 일은 없는 것 같아요.
힘든 일을 겪을 때에도, 좋은 일을 누릴 때에도 항상 주님의 사랑이
저와 함께 한다는 걸 알게 해주세요. ✚ 아멘!

동물을 다스리라

창세기 8:20-9:3

사람이 다시 육지에서 살 수 있게 된 것은 너무나 잘된 일이었어요.
노아는 감사의 마음을 담아 가장 먼저 하나님께 기도를 드렸어요.
노아의 기도를 들으신 하나님은 다음과 같이 응답하셨어요.
"온 땅에 다시 새들과 물고기들과 짐승들이 가득할 것이다.
이 모든 것을 너희들에게 맡기겠다.
너희에게 허락한 이 큰 복을 잘 활용하면 후손들은
온 세상을 덮을 만큼 번성하여 차고 넘칠 것이다."
말씀을 마친 하나님은 노아와 가족들을 축복하셨어요.

사랑하는 주 하나님, 주님이 창조하신 세상의 모든 것들에 대한 권리를
저에게 주셔서 감사해요.
제가 그것들을 잘 다스리고 활용할 수 있게 도와주세요. ✚ 아멘!

약속의 상징 무지개

창세기 9:8-17

하나님의 사랑이 온 땅을 뒤덮자 봄이 오고
신선한 새싹이 자라났어요.
기도를 마친 노아가 고개를 들자 기쁨의 햇볕이 내리쬐기 시작했어요.
그동안 한 번도 본 적 없던 형형색색의 아름다운 아치 모양의 줄이
하늘에서부터 땅 위에 생겨났어요.
그동안 누구도 본 적 없는 아름다운 모습이었어요.
하나님은 이것이 '무지개'라고 알려주며 말씀하셨어요.
"다시는 세상에 이와 같은 홍수를 일으키지 않겠다.
이 약속의 상징으로 너희에게 무지개를 주겠다."

사랑하는 주 하나님, 약속의 상징인 무지개처럼 주님은 저를 아름답게 창조하셨어요.
무지개를 볼 때마다 주님의 사랑을 떠올릴 수 있게 도와주세요. ✚ 아멘!

하늘로 올라가고 싶은 사람들

창세기 11:1-4

하늘을 아름답게 수놓은 무지개가 떠오를 때마다
사람들은 다시는 물로 심판하지 않겠다는
하나님의 약속과 사랑을 떠올렸어요.
이제 사람들에게 필요한 것은 하나님을 향한 순종이었어요.
그러던 어느 날 사람들은 하늘로 올라가서
직접 하나님을 만나고 싶어졌어요.
새로운 시대의 사람들은 하늘에서 들려오는
하나님의 음성을 경험했지만,
하나님의 말씀을 따라 사는 것은
지키기 어려운 일들이라고 생각했어요.
높은 탑을 쌓아 하늘로 올라간다면
굳이 하나님의 말씀을 따를 필요가 없을 것 같았어요.
결국 사람들은 하늘로 올라가는 높은 탑을 쌓기로 결심했어요.

사랑하는 주 하나님, 우리는 주님의 도움 없이는 아무 일도 할 수 없음을
고백합니다. 오직 주님만이 모든 것을 창조하신 전능하신 분이며
우리를 가장 좋은 길로 인도해 주시는 선한 분이심을 믿게 해주세요. ✚ 아멘!

바벨탑

창세기 11:5-9

벽돌 하나, 벽돌 둘, 벽돌 셋, 그리고 넷….
사람들은 계속해서 더 높게 탑을 쌓아 하늘에 닿고자 했어요.
하나님은 사람들의 이러한 어리석은 행동을 전부 보고 계셨어요.
바벨탑을 쌓는 일은 하나님이 보시기에 악한 일이었기 때문에
하나님은 사람들이 서로 다른 말을 사용하게 만들어
탑을 쌓지 못하게 만드셨어요.
한창 벽돌을 주고받으며 탑을 쌓던 사람들은
한순간에 서로의 말을 이해할 수 없게 됐어요.
말이 안 통하자 같이 일을 할 수도 없고,
누군가를 도울 수도 없었어요.
사람들은 탑 건설을 그만두고
온 세상으로 뿔뿔이 흩어졌어요.

사랑하는 주 하나님, 주님이 보시기에 제가 잘못된 일을 하고 있을 때는
서둘러 바로잡아주세요. 제가 가고 싶은 길이 아니라
주님이 인도하시는 길을 따라 가게 도와주세요. ✚ 아멘!

하나님의 충직한 종-욥

욥기 1:1-8

이스라엘 동쪽 지역인 우스에서 가장 훌륭한 사람인
욥은 엄청난 부자였을 뿐 아니라 현명하고 지혜로운 사람이었어요.
욥에게는 매우 많은 친구와 자녀들이 있었어요.
그러나 무엇보다도 욥은 하나님을 사랑하는 사람이었고
하나님도 이런 욥을 너무나 사랑하셨어요.
하루는 사탄(마귀)이 하나님을 찾아왔어요.
온 세상을 두루 살펴보고 왔다는 사탄의 말에
하나님은 욥에 관해 물으셨어요.
"내 충직한 종인 욥도 보았겠구나?"
하나님은 사탄에게 욥의 지혜와 성품을 자랑하셨어요.
"욥은 완전히 악에서 떠난 사람이다.
욥은 오로지 선만 행하는 나의 충직한 종이다."

사랑하는 주 하나님, 저도 욥과 같은 주님의 큰 복을 누리는 사람이 되고 싶어요.
그러나 모든 큰 복보다 욥처럼 주님을 사랑하는 일에 열심인 제가 되게 해주세요. ✚ 아멘!

시험받는 욥

욥기 1:9-17, 20-22

욥을 자랑하는 하나님에게 사탄은 반문했어요.
"그래요? 부족할 것 하나 없는 부자인데
선한 일을 행하기가 얼마나 쉽겠습니까?
욥을 가난하게 만들어보십시오.
그래도 욥이 하나님을 사랑하겠습니까?"
하나님은 욥을 시험해 보라는 사탄의 요구를 수락했어요.
욥은 하루아침에 모든 재산과 자식을 잃었지만
하나님을 원망하지 않았어요.
오히려 하나님을 찬양했어요.
하나님은 이런 욥의 모습에
크게 기뻐하셨어요.

사랑하는 주 하나님, 어떤 상황에서도 주님께 찬양드리기를 원합니다.
가진 것이 아무것도 없을 때도 주님을 찬양할 수 있는 마음을 주세요. ✝ 아멘!

고통받는 욥

욥기 2:3-10

어느 날 사탄은 하나님에게 욥을 더 시험해야 한다고 말했어요.
"욥이 여전히 하나님을 찬양하는 이유는 재산은 잃었지만
아직 건강하기 때문입니다."
하나님은 사탄의 말대로 욥에게 시험을 주셨어요.
욥은 하루아침에 건강을 잃고 육체적으로 큰 고통을 겪었어요.
고통을 못 이겨 울부짖는 욥에게 친구들이 찾아와 말했어요.
"자네의 고통은 하나님을 화나게 했기 때문에 찾아온 거라네."
그러나 욥은 하나님이 보시기에 악한 일을 행하지 않았고
아무리 고통스러워도 하나님을 원망이나 비난하지 않았어요.
하나님은 여전히 하나님을 믿고 사랑하는 욥으로 인해
크게 기뻐하셨어요.

사랑하는 주 하나님, 제가 건강할 때도, 건강하지 않을 때도
여전히 주님을 찬양하며 사랑을 고백할 믿음을 주세요. ✚ 아멘!

더 큰 보상을 받은 욥

욥기 42:10-17

욥은 하루아침에 모든 재산을 잃고, 가족을 잃고,
건강을 잃는 고난을 받았어요.
욥은 차라리 죽기를 바랄 정도로 끔찍한 고통에 시달렸어요.
위로하려고 찾아온 친구들은
오히려 섣부른 말로 욥의 상태를 더 악화시켰어요.
그러나 이런 상황에도 욥은 여전히
하나님을 사랑했고 절대 비난하지 않았어요.
마침내 하나님은 욥의 기도를 들어주시고
놀라우신 능력으로 욥을 도우셨어요.
하나님은 욥이 시험을 받으며 잃은 모든 것을
이전보다도 훨씬 더 넘치게 채워주셨어요.
욥이 고난 중에도 하나님을 비난하지 않고
신뢰했기 때문이었어요.

사랑하는 주 하나님, 때때로 시간이 좀 걸리는 것처럼 느껴질 수 있지만
주님은 항상 제 기도를 듣고 계시고, 또 응답하신다는 사실을 믿고 알게 해주세요. ✚ 아멘!

고향을 떠나다

창세기 12:1-9

모든 일에서 하나님을 신뢰하는 아브라함은 하나님의 말씀을 따라서
아내 사라와 함께 고향을 떠나 새로운 곳으로 이사를 갔어요.
먼 길을 가는 동안 매일 밤 길가에 장막(천막)을 펼치고 생활해야 하는
매우 위험한 여정이었지만 아브라함과 사라는
하나님이 어디서나 자신들을 보호해 주실 것을 믿었어요.
또한, 하나님이 약속하신 땅을 상으로 받고
수많은 자손을 남기기 위해서는
하나님의 말씀대로 고향을 떠나야만 한다는 사실을 알고 있었어요.

사랑하는 주 하나님, 제가 어디를 가더라도 주님과 함께이기에
그 어디에서도 두려움 없이 집처럼 편안함을 느끼게 도와주세요. ✚ 아멘!

별을 통해 약속하신 하나님

창세기 15:1-6

하늘에 구름 한 점 없는 맑은 밤이 있는 날이었어요.
아브라함은 밤하늘에 총총히 떠 있는 별을 바라보며
오늘따라 유난히 별이 밝다고 생각했어요.
그때 잔잔한 하나님의 음성이 들려왔어요.
"아브라함아, 저 밝고 많은 별들이 보이느냐?"
아브라함은 고개를 들어
밤하늘에 무수히 반짝이는 별들을 바라봤어요.
유난히 더 반짝이는 별들도 있었지만
모든 별이 반짝반짝 빛나는 보석 같았어요.
별을 바라보고 있는 아브라함에게 하나님이 다시 말씀하셨어요.
"너의 후손들은 저 하늘의 별과 같이 많아질 것이다."
아브라함은 끝없이 펼쳐진 밤하늘과 무수히 많은 별을
다시 바라봤어요.
그때까지 아브라함에게는 자녀가 한 명도 없었지만,
하나님의 말씀이기에 분명 많은 후손들을 주실 것이라고 믿었어요.

사랑하는 주 하나님, 저는 작고 연약하지만
주님의 크신 손과 능력을 저를 위해 빌려주심을 알고 있어요.
어떤 상황에서도 주님을 신뢰하게 해주세요. ✚ 아멘!

사라의 소원

창세기 18:1-14

아기를 간절히 원했던 사라는 하나님께 자녀를 달라고
계속해서 기도하며 응답을 기다렸어요.
그러나 아주아주 많은 시간이 지나도
여전히 자녀가 생기지 않았어요.
어느 날 손님 셋이 아브라함의 집에 왔어요.
사라는 손님들을 위해 정성껏 저녁을 만들어 대접했어요.
식사를 마친 손님들은 다시 길을 떠나기 전 아브라함에게
곧 아내가 임신할 것이라고 말했어요.
장막 뒤에서 이 이야기를 들은 사라는 자기도 모르게 웃으며
'나 같이 나이 많은 여자가 임신했다는 소리는
살면서 들어본 적이 없는데…'라고 생각했어요.
아브라함 집에 찾아온 손님들은 사실 하늘에서 온 천사였어요.
천사는 사라의 웃음소리를 듣고는 다음과 같이 말했어요.
"이 말을 듣고 왜 웃으십니까?
하나님께는 불가능한 일이 없습니다."

사랑하는 주 하나님, 주님의 약속은 반드시 이루어짐을 믿어요.
그때가 올 때까지 인내하고 기도하며 기다리게 도와주세요. ✚ 아멘!

소돔과 고모라

창세기 18:20-33; 19:13, 27-29

소돔과 고모라 지역은 죄악으로 가득한 도시였어요.
하나님은 아브라함에게 이 도시를 멸망시킬 것이라고 말씀하셨어요.
마음이 온유했던 아브라함은 하나님께 물었어요.
"그러나 하나님, 그 도시에 의로운 사람이 살고 있다면 어떡합니까?"
하나님은 만약 그 도시에 의로운 사람 50명이 있다면
멸망시키지 않겠다고 말씀하셨어요.
안타까운 마음에 아브라함은 하나님께 계속 질문했고,
하나님은 결국 의로운 사람이 단 10명만 있어도
소돔과 고모라를 멸망시키지 않겠다고 약속하셨어요.
그러나 죄로 가득한 그 도시에는 의로운 사람이 10명도 없었고
하나님의 심판을 받아 멸망하고 말았어요.

사랑하는 주 하나님, 주님의 백성이라 하더라도 잘못된 선택을 할 수 있고,
잘못된 선택으로 주님께 벌을 받을 수 있음을 잘 압니다.
제가 옳은 선택과 옳은 일을 할 수 있게 도와주세요. ✚ 아멘!

약속의 자녀

창세기 21:1-7

하나님은 언제나 약속을 지키시는 선한 분이세요.
사라는 누구보다도 이 사실을 확신하는 사람이었어요.
사라는 머리가 하얗게 셀 정도로 나이가 많았지만
결국 하나님의 말씀대로 아기(이삭)를 낳았어요.
아브라함과 사라는 하나님이 주신 이 아기에게 모든 사랑을 쏟았어요.
이삭이 태어날 당시 아브라함은 이미 백 살이 넘은 노인이었어요.
"약속의 자녀 이삭으로 하나님이 우리를
정말 행복으로 웃음 짓게 만드셨어요"라며
아브라함과 사라 부부는 매우 행복해했어요.

사랑하는 주 하나님, 주님의 크신 계획을 저는 완전히 이해할 수 없어요.
그러나 주님의 계획을 따르는 것이 결국 가장 좋은 결과를 가져온다는 것을 믿어요.
제가 주님의 뜻에 언제나 순종하게 해주세요. ✚ 아멘!

시험받는 아브라함

창세기 22:1-18

아브라함은 하나님보다 이삭을 더 사랑했을까요?
정답을 알 수 있는 시험의 시간이 다가왔어요.
하나님은 아브라함에게 이삭을 떠나보낼 수 있냐고 물었고
아브라함은 곧바로 그렇게 하겠다고 대답했어요.
아브라함은 하나님의 말씀이라면 무슨 일이든지
순종하려고 했어요.
아브라함은 하나님의 말씀대로 이삭을
제단에 올려놓고 기도했어요.
이삭이 비록 세상을 떠난다 해도 하나님이 어떤 방식으로든
이삭을 지켜주실 것을 아브라함은 믿었어요.
하나님은 이런 아브라함의 믿음을 보시고 매우 흡족하셨어요.

하나님을 이삭보다도 사랑하고 섬기는
아브라함의 믿음이 진심임을 아셨어요.
아브라함은 하나님이 근처에 예비해 놓으신 숫양을 잡아
대신 제사를 지냈고 아브라함과 이삭은 아무런 해도 입지 않고
무사히 집으로 돌아갈 수 있었답니다.

사랑하는 주 하나님, 지키기 힘들고 순종하기 어려운 주님의 말씀들도 있어요.
그럼에도 옳은 일을 할 수 있도록 제 마음을 강하게 단련해 주세요. ✚ 아멘!

우물가에서 만난 리브가

창세기 24:1-21

아브라함의 충직한 종은 이삭의 아내를 구하기 위해
낙타를 끌고 아브라함의 고향으로 갔어요.
종은 하나님이 예비하신 현숙한 아내를 만나게 해달라고
하나님께 기도하며 여행을 떠났어요.
마침내 아브라함의 고향에 도착한 종은
한 아름다운 여인이 우물가에서 물을 긷는 모습을 보고
하나님께 기도했어요.
"하나님, 만일 저 여인이 하나님이 예비하신 그 사람이라면
제가 물을 달라고 할 때 제 낙타에게도 물을 먹이게 해주세요."
리브가는 종에게 물을 준 뒤 낙타들에게도 물을 주었어요.
리브가가 바로 하나님이 예비하신 이삭의 신부였어요.

사랑하는 주 하나님, 친절을 통해 주님의 사랑을 표현하고 전할 수 있어요.
만나는 모든 사람들에게 제가 친절할 수 있도록 도와주세요. ✚ 아멘!

친절한 리브가

창세기 24:22-51

리브가는 매우 아름답고 친절한 여인이었어요.
그러나 이삭의 아내가 되기 위해서는
반드시 아브라함의 고향 출신이어야 했어요.
종은 가져온 금귀걸이와 장신구들을 선물로 주며 리브가에게 물었어요.
"아가씨의 고향은 어디입니까?"
다행히도 리브가는 아브라함과 같은 고향 사람이었어요!
이제는 리브가와 리브가의 가족이
이삭과의 혼인을 승낙할지가 남은 문제였어요.
종이 "하나님의 도우심으로 발견한 여인이 리브가인 것 같습니다"라며
리브가의 부모님에게 상황을 설명하자
리브가의 부모님은 다음과 같이 대답했어요.
"이 일은 분명 하나님이 하신 것 같습니다.
리브가도 이삭과 결혼하고 싶어 할 겁니다."

사랑하는 주 하나님, 주님은 저를 위해 놀랍게 할 좋은 일들을 준비하고 계세요.
기다리며 주님을 신뢰할 수 있는 믿음을 주세요. ✚ 아멘!

리브가와 이삭

창세기 24:57-67

리브가의 부모님은 리브가에게 이삭과 결혼하고 싶냐고 물었어요.
질문을 받은 리브가는 고민 없이
바로 이삭과 결혼하겠다고 대답했어요.
이 말은 고향을 떠나야 한다는 뜻이었죠.
리브가는 곧 부모님과 작별 인사를 나누고
종이 모는 낙타의 등에 올라타 오랜 시간 동안 여행한 끝에
아브라함의 집에 도착했어요.
길가에 나와 있던 이삭은 낙타를 타고 오는
아름다운 리브가의 모습을 보고 한눈에 사랑에 빠졌어요.
두 사람은 곧바로 결혼식을 올렸고
이삭과 리브가는 평생토록
서로를 아껴주며
행복하게 살았어요.

사랑하는 주 하나님, 주님은 옳은 일을 하는 사람을
항상 도우시는 분이세요. 제가 어디에서 무슨 일을 하든지
주님이 원하시는 일을 할 수 있도록 도와주세요. ✚ 아멘!

하나님과 대화한 리브가

창세기 25:21-23

임신한 리브가의 배는 나날이 커졌어요.
그런데 태동이 너무 격하게 느껴져
'배 안의 아기에게 좋지 않은 일이 생긴 것은 아닌가?'라는
생각이 들었어요.
리브가는 이 문제를 두고 하나님께 기도했어요.
하나님은 리브가 배 안에는 쌍둥이가 있다고 알려주셨어요.
두 아이 모두 건강히 자라고 있기 때문에
태동이 격하다는 하나님의 말씀을 듣고 리브가는 안심했어요.
두 아이를 통해 각각의 나라가 생길 것이라는
하나님의 응답을 듣고 리브가는 미소 지었어요.
하나님은 멈추지 않고
특별한 선물을 계속해서 부어주시는 분이었어요.

사랑하는 주 하나님, 제 마음 속에 걱정이 생길 때는 주님께 기도로 털어놓게 해주세요.
제 모든 질문과 고민에 주님께서 답을 주시고 저를 성장시켜 주세요. ✛ 아멘!

두 형제

창세기 25:24-34

리브가는 하나님의 말씀대로 쌍둥이를 낳았어요.
조금이라도 먼저 나온 에서에게 장자권이 있었어요.
어느 날 사냥에서 돌아온 에서는 너무 배가 고파
거의 기절할 지경이었어요.
마침 팥죽을 끓이고 있던 야곱에게
에서가 먹을 걸 달라고 부탁했어요.
"내가 너무 배가 고프니 어서 죽을 좀 다오."
야곱은 에서에게 거래를 제안했어요.
"형님의 장자권을 저에게 파신다면 떡과 팥죽을 드리겠습니다."
에서는 아무런 고민 없이 장자권을 넘긴 후
야곱이 건네준 팥죽과 떡을 엄청 맛있게 먹었어요.

사랑하는 주 하나님, 저만이 할 수 있는 놀라운 재능과 은사를 주심에 감사합니다.
주님이 저에게 주신 모든 은사와 재능을 다시 주님을 위해 사용하게 해주세요. 아멘!

농부 이삭

창세기 26:12-31

하나님은 이삭과 리브가 부부에게 큰 복을 주셨어요.
가축들은 나날이 번성해 이삭은 큰 부자가 됐어요.
그러자 주변의 이웃들은 하나님의 복을 누리는 이삭을 질투했죠.
이웃들은 이삭의 우물을 메우고 멀리 떠나라고 위협했어요.
문제를 일으키고 싶지 않았던 이삭은 거처를 옮겼고
하나님은 다시 복을 주셨어요.
이웃들은 몇 번이나 찾아와 이삭을 쫓아내고 우물을 메웠으나
그때마다 이삭은 하나님의 큰 복을 누렸어요.

결국 이웃들은 자신들의 잘못을 인정하고 사과했어요.
"하나님이 당신을 얼마나 사랑하시는지
우리는 분명히 목격했습니다.
당신을 쫓아내고 위협한 일들을 사과드립니다."
이삭은 이들의 사과를 받아줬어요.

사랑하는 주 하나님, 나쁜 일이 일어났을 때도 주님을 신뢰하게 해주세요.
또한 제 삶을 통해 주님의 살아계심을 다른 사람들이 알 수 있게 도와주세요. ✚ 아멘!

이삭의 선물

창세기 27:1-29

많은 시간이 흘러 이삭은 눈앞이 잘 보이지 않을 정도로
나이를 먹었어요.
이삭은 세상을 떠날 날이 머지않았다고 느꼈어요.
에서는 야곱에게 장자권을 팔았지만
그래도 이삭은 에서에게 장자의 축복을 주려고 에서를 불렀어요.
이삭은 누군가 문 앞에 다가오는 것을 느끼고
"에서냐?"라고 물었어요.
대신 축복을 받으려고 몰래 왔던 야곱은
형의 목소리를 흉내 내어 거짓말을 했어요.
"예, 제가 에서입니다. 아버지."
이삭은 진짜 에서가 맞는지 팔을 확인했어요.
야곱은 형의 피부처럼 보이기 위해 짐승의 털을 붙이고 있었어요.
이삭은 야곱의 팔을 만져보고 에서라고 확신한 뒤 축복을 빌어주었어요.
"하나님께서 너에게 큰 복을 주시고 창대케 하실 것이다."
기도를 마친 이삭은 축복을 보증하는 표시로
야곱의 이마에 입을 맞추었어요.

사랑하는 주 하나님, 주님의 계획은 누구도 결코 막을 수 없어요.
저의 모든 행동도 주님의 통제 아래 있다는 것을 알고
항상 주님이 보시기에 바른 일을 하도록 이끌어주세요. ✚ 아멘!

거짓말의 값을 치른 야곱

창세기 27:30-45

아버지가 자신을 불렀다는 소식을 들은 에서는
뒤늦게 아버지 이삭을 찾아갔어요.
"아버지, 제가 여기 왔습니다."
그러나 에서가 받을 장자의 축복은
이미 야곱이 몽땅 받아버린 뒤였어요.
에서는 반쯤 미쳐 울부짖었어요.
야곱이 모든 축복을 가로챘기 때문에
에서가 이삭에게 받을 축복은 단 하나도 남아 있지 않았어요.
에서는 당장 야곱을 찾아 복수하려 했어요.
이 모습을 본 어머니 리브가는 에서가 진정될 때까지
야곱을 피신시켜야겠다고 생각했어요.
어머니에게서 소식을 들은 야곱은
형 에서에게 큰일을 당할까 봐
서둘러 도망쳤어요.

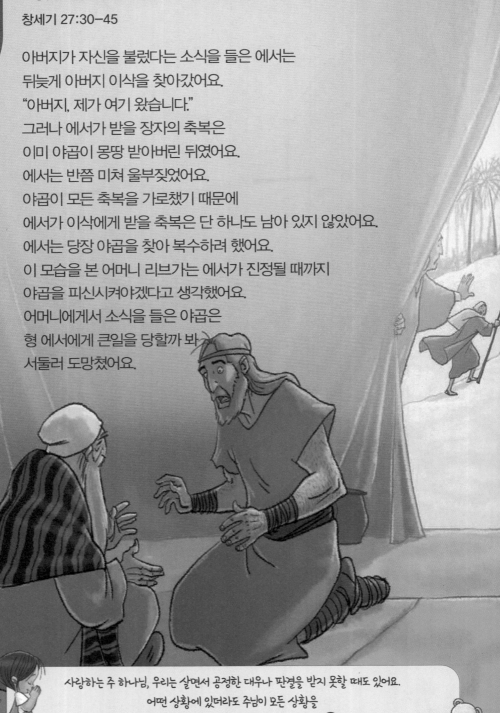

사랑하는 주 하나님, 우리는 살면서 공정한 대우나 판결을 받지 못할 때도 있어요.
어떤 상황에 있더라도 주님이 모든 상황을
더 낫게 만들어주실 것이라는 믿음을 갖게 도와주세요. ✚ 아멘!

바위를 베개 삼은 야곱

창세기 28:10-15

짙은 어둠이 깔린, 모두가 자야 할 늦은 밤이었어요.
숙소를 찾지 못한 피곤한 야곱은 들판을 헤매다가
바위를 베개 삼아 들판에서 잠을 청했고
곧 깊은 잠에 빠져 꿈을 꿨어요.
하늘로부터 내려온 사다리를 천사들이 오르락내리락하는 꿈이었어요.
그중 가장 높은 곳에 계신 하나님은 야곱의 자손들이
큰 민족을 이루고 번성하게 될 것이라고 말씀하셨어요.
지금 야곱이 잠들어 있는 곳도 야곱과 야곱의 후손들에게 주시겠다고
하나님은 분명히 약속하셨어요.
"네가 어디로 가든지
너를 떠나지 않겠다."
하나님은 야곱을 지켜주시겠다고
말씀하셨어요.

사랑하는 주 하나님, 주님은 때때로 꿈 속에서도 말씀하시는데…
꿈 속에서라도 주님이 저에게 하시는 말씀을 놓치지 않게 해주세요. ✚ 아멘!

라헬을 사랑한 야곱

창세기 29:1-11

야곱은 정처 없이 계속해서 걷고 또 걸었어요.
어느 땅에 이르자 우물이 바위로 막혀있어
물을 먹지 못하고 있는 양 떼가 보였어요.
야곱은 그 양을 치는 사람 중 어떤 여자를 보고 첫눈에 반했어요.
야곱은 바로 우물을 막고 있던 바위를 치우고 양들에게 물을 먹였어요.
그로 인해 야곱은 궁지에서 벗어나 머물 곳을 찾을 수 있었어요.
야곱은 양을 몰고 오던 라헬을 바라보며 진정한 사랑을 느꼈어요.
알보 보니 라헬은 외삼촌 라반의 둘째 딸이었어요.

사랑하는 주 하나님, 혼자라서 외롭다고 느낄 때 좋은 사람들을
만날 수 있는 곳으로 저를 인도해 주세요. ✚ 아멘!

야곱의 가축들

창세기 30:27-43

라헬의 아버지는 매우 부자였지만
한편으로는 교활한 사람이었어요.
라헬의 아버지는 야곱이
하나님의 도우심을 받고 있다는 걸 알고 이용했어요.
"날 위해 일해준다면 원하는 것은 무엇이든 주겠네."
야곱은 도움의 대가로 점이 있는 가축들을 넘겨받기로 했어요.
약속대로 양떼를 넘겨받은 후
야곱은 하나님이 주신 지혜로 양떼를 쳤는데
튼튼하고 건강해 보이는 많은 양떼들에게 반점이 생긴 것이었어요.
야곱은 순식간에 많은 양들과 염소들 그리고 소들을 갖게 됐어요.
부자였던 라헬의 아버지만큼이나 야곱 역시 부자가 됐어요.

사랑하는 주 하나님, 저에게 필요한 좋은 것들을 허락해 주셔서 감사드려요.
주님은 제 인생의 필요를 공급하시고, 더 멋진 삶으로 만들어주시는 분이세요.
제가 주님의 인도하심을 잘 따르게 도와주세요. ✚ 아멘!

레아와 라헬의 선택

창세기 31:3-18

야곱은 이제 재산도 많이 모으고 가족도 많이 생겼어요.
하지만 여전히 고향에 계신 부모님이 그리웠어요.
야곱은 삼촌 라반에게 속아 맞은 두 아내인 레아와 라헬에게
자기 고향으로 함께 돌아가자고 말했어요.
두 아내는 아버지의 시기와 질투에도
야곱이 언제나 최선을 다했음을 기억하고
함께 떠나겠다고 했어요.
두 아내는 아버지가 떠나지 못하게 막을까 봐
인사도 드리지 않고 서둘러 짐을 챙겨
야곱의 고향으로 떠났어요.

사랑하는 주 하나님, 누군가 저를 괴롭힌다 하더라도 그 사람에게 오히려
선행을 베풀어 주님의 사랑을 느끼게 만드는 제가 되게 해주세요. ✚ 아멘!

야곱의 새 이름, 이스라엘

창세기 32:24-30

어두운 밤, 야곱은 갈 길을 막고 서 있는 한 남자와
격하게 몸싸움을 했어요.
한참을 싸워도 결판이 나지 않자 길에 서 있던 남자가 외쳤어요.
"이러다 동이 트겠소. 내가 갈 길을 가도록 놔주시오."
야곱은 남자의 부탁에도 손을 놓지 않고
자신을 축복해달라고 요구했어요.
그러자 남자는 야곱에게 새 이름을 주었어요.
"당신 요구대로 축복을 주겠소.
「이스라엘」이라는 새 이름을 줄 테니 앞으로는 이 이름을 사용하시오."
야곱은 매우 놀랐어요.
「이스라엘」이라는 단어는
"하나님과 씨름을 하다"라는 뜻이었기 때문이에요.
정체불명의 남자는 이제 이스라엘이라고 불리게 된 야곱을
축복하고는 사라졌어요.
그제야 야곱은 자신이
하나님과 씨름을 했다는
사실을 깨달았어요.

사랑하는 주 하나님, 주님은 항상 제 곁에 계심에 감사드려요.
주님의 뜻이 이해되지 않을 때는 언제든 주님께 기도로 묻게 해주세요. ✚ 아멘!

다시 만난 에서와 야곱

창세기 33:1-7

야곱이 다시 고향으로 돌아오기 까지는 매우 오랜 시간이 걸렸어요.
마침내 고향을 앞두고 고개를 든 야곱은 매우 놀랄 수밖에 없었어요.
야곱의 형 에서가 나타났기 때문이에요.
지난날, 야곱이 에서를 속이고 축복을 독차지한 일로
에서는 여전히 화가 나 있었을까요?
야곱을 발견한 에서는 달려와 야곱에게 입을 맞추고 목 놓아 울었어요.
다시는 못 만날 줄 알았던 동생이 돌아왔기 때문이에요.
야곱과 함께 온 사람들을 보고 에서가 물었어요.
"이 많은 사람은 도대체 누구냐?"
야곱은 자랑스럽게 미소를 지으며
뒤에 있던 가족을 불러 자신의 형을 소개했어요

사랑하는 주 하나님, 우리에게 용서를 가르쳐 주시고, 우리를 용서해 주셔서 감사해요.
주님이 우리를 용서하신 것처럼 저도
다른 사람을 용서할 수 있는 자비의 마음을 주세요. ✚ 아멘!

채색옷

창세기 37:1-4

야곱이 하루는 열두 자녀 중 막내인 요셉만 불러내어
귀한 채색옷을 선물로 줬어요.
화려한 채색옷은 요셉의 다른 형제들을 화나게 했어요.
야곱은 왜 요셉에게만 채색옷을 줬을까요?
형들은 아버지의 사랑을 독차지하는 요셉이 못마땅했어요.
요셉은 형들의 괴롭힘에 신경을 쓰지 않고
아버지가 베푸는 크나큰 사랑에만 집중했어요.
화려한 채색옷이 바로 그 증거였어요!

사랑하는 주 하나님, 저를 주님의 특별한 존재로 창조해 주셔서 감사해요.
주님이 항상 돌봐주신다는 사실을 믿고 살아가게 해주세요. ✚ 아멘!

요셉의 꿈

창세기 37:5-11

요셉은 무럭무럭 자라나며 종종 꿈을 통해
하나님의 음성을 듣곤 했어요.
하루는 아침이 되자마자 요셉이 온 가족을 찾아다니며
간밤의 꿈을 자랑했어요.
"언젠가 우리 가족이 저에게 절을 할 때가 올 거예요.
제가 우리 가족을 다스리게 된다는 꿈을 꿨어요."

형들의 표정이 일그러졌지만 요셉은 아랑곳하지 않았어요.
"형님들 모두는 제 종이 될 거예요."
형들은 요셉을 '꿈꾸는 사람'이라고 부르며 바보 취급을 했어요.
형들은 그날의 꿈을 어리석은 막냇동생의 허언이라고 생각해
마음에 두지 않고 곧 잊었어요.

사랑하는 주 하나님, 제가 어렸을 때부터 지금까지
주님은 저를 향한 큰 계획을 갖고 계세요.
주님의 음성을 듣는 법을 저에게 가르쳐주세요. ✚ 아멘!

형들의 악한 계획

창세기 37:19-28

요셉은 커가며 더 많은 자랑을 늘어놓았어요.
잘난 척하는 요셉의 모습을 더는 견딜 수 없었던 형들은
요셉을 죽이려다가 요셉을 속여 구덩이에 빠트렸어요.
요셉은 도와달라고 울부짖었지만 형들은 들은 체도 하지 않았어요.
형들은 요셉을 구해주기는커녕 이집트로 향하는
노예 상인에게 요셉을 팔기로 계획했어요.
요셉은 구덩이에서는 빠져나왔지만
곧바로 상인의 손에 팔렸어요.
과연 노예 상인은 이 작고 불쌍한 요셉에게
제대로 된 대우를 해줄까요?

사랑하는 주 하나님, 주님은 언제나 저와 함께 계시고 저를 구해주시는 분이라는 걸 믿어요.
다른 사람이 저를 괴롭히고 못살게 굴지라도 저에게 주님이 있다는
사실을 기억하게 해주세요. 아멘!

이집트에 팔려간 요셉

창세기 39:1

노예가 된 요셉이 도착한 곳은 고향에서 멀리 떨어진 이집트였어요.
요셉의 눈에 보이는 것 하나하나가 모두 새롭고 낯설었어요.
요셉은 아버지가 너무나 보고 싶었어요.
아버지의 선물인 채색옷도 이제는 사라졌어요.
그러나 요셉은 마음을 굳게 먹고 용기를 냈어요.
모든 것을 잃었지만 하나님은 여전히 함께 하신다는 사실을
요셉은 알고 있었어요.
요셉은 곧 이집트에서 매우 부자이면서
높은 지위에 오른 사람의 집에서 일을 하게 됐어요.

사랑하는 주 하나님, 주님이 제 삶에 항상 좋은 것을 주실 분임을 믿어요.
제가 이해할 수 없는 일들이 제 삶에서 일어난다 하더라도
이 믿음을 잃지 않게 도와주세요. ✛ 아멘!

기쁨을 주는 종

창세기 39:2-6

요셉은 매우 지혜롭고 열심히 일했기에 주인에게 큰 기쁨을 주었어요.
요셉은 주인에게 오직 진실만을 말하는 충직한 종이었고
맡긴 일을 실수 없이 처리하는 현명한 종이었어요.
주인은 요셉을 통해 하나님의 살아계심을 볼 수 있었어요.
주인은 곧 요셉을 집안의 하인들 중 가장 높은 위치로 올리고
모든 권한을 맡겼어요.
다른 하인들이 어떤 일을 처리하기 위해서는
모두 요셉의 허락을 받아야 했어요.

사랑하는 주 하나님, 주님이 저에게 맡겨주신 일에 최선을 다하는 것이
주님을 사랑하는 방법임을 믿게 해주세요. ✚ 아멘!

악랄한 꾀에 걸린 요셉

창세기 39:7-19

주인의 아내는 요셉을 꼬시기 위해 여러 가지 방법을 동원했어요.
요셉은 죄를 짓지 않으려고 지혜롭게 주인의 아내를 피해 다녔어요.
그러나 시간이 지날수록 주인 아내의 꾀는 점점 악랄해졌어요.
하루는 주인 아내가 요셉의 찢어진 옷자락을 들고 주인을 찾아갔어요.
"여기 이 옷자락을 보세요. 요셉이 내 방에 들어와
나를 꼬시려고 한 증거예요."
그녀의 거짓말로 요셉은 큰 곤경에 처했어요.
하지만 하나님은 잘못된 일을
다시 되돌려 놓으시는 분이라는 것을
요셉은 알고 있었어요.

사랑하는 주 하나님, 어떤 친구들은 일부러 제 마음을 상하게 만들어요.
주님이 저에게 주시는 사랑으로 상처를 극복하게 도와주세요. ✚ 아멘!

하나님의 보호하심

창세기 39:20-40:15

주인의 아내의 말은 모두 거짓이었어요.
그러나 주인은 아내의 말을 의심하지 않고 전부 믿었어요.
요셉은 한 번 더 죄를 저지르면 추방당한다는 조건으로
감옥에 갇혔어요.
요셉은 감옥에서도 용기를 잃지 않았어요.
비록 감옥일지라도 하나님은 함께하심을 알았기 때문이에요.
요셉은 감옥에서 슬픔에 빠져 무기력하게 시간을 보내는 대신
도울 수 있는 사람들을 찾아 도왔어요.
특히 사람들이 간밤에 꾼 꿈을 이해하지 못할 때는
무슨 뜻인지 바로 해몽을 해줬어요.

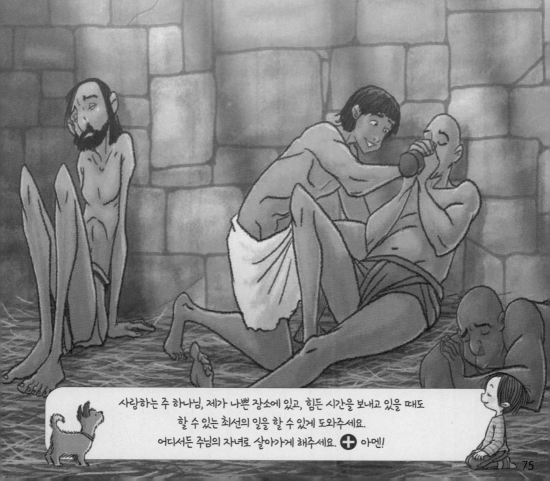

사랑하는 주 하나님, 제가 나쁜 장소에 있고, 힘든 시간을 보내고 있을 때도
할 수 있는 최선의 일을 할 수 있게 도와주세요.
어디서든 주님의 자녀로 살아가게 해주세요. ✚ 아멘!

왕을 알현한 요셉

창세기 41:1-36

이집트 왕은 지난밤 매우 이상한 꿈을 꿨어요.
그런데 이 꿈의 내용을 누구도 해석하지 못해 기분이 무척 안 좋았어요.
그때 신하 중 한 사람이 왕에게 요셉의 이야기를 전했어요.
요셉은 감옥에서 왕에게 술을 따르는 신하였던 이 사람의 꿈을
해몽해 준 적이 있었어요.
왕은 즉시 요셉을 불렀어요.
왕의 꿈 내용을 들은 요셉은
　　　하나님이 지혜를 주셔서 이렇게 해몽했어요.
　　　　"장차 이 나라에 큰 흉년이 올 것입니다.
　　　　　그전에 풍년이 있을 것이니 식량을
　　　　　　충분히 쌓아두어 대비를 하십시오."

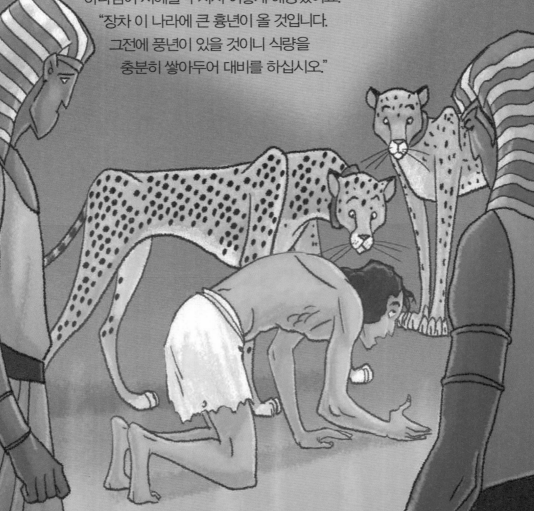

사랑하는 주 하나님, 주님은 고난 중에도 우리를 위해 일하시는 분이세요.
힘든 순간에도 다른 사람들에게 선을 행할 수 있도록 저를 도와주세요. ✚ 아멘!

총리가 된 요셉

창세기 41:37-45

요셉의 꿈 해몽은 모두를 놀라게 했어요.
요셉의 꿈 해몽 덕분에 장차 이집트에 다가올 큰 흉년을
왕은 미리 대비할 방법을 알게 됐어요.
왕은 고마운 마음에 죄수인 요셉을 직접 안아 일으켰어요.
그리고 요셉의 손가락에 왕의 인장이 새겨진 반지를 끼워줬어요.
요셉은 더는 죄수가 아니라 이집트의 모든 것을 책임지는 총리가 됐어요.
요셉은 온 이집트에서 가장 중요한 사람으로 인정받았어요.
심지어 왕이라 하더라도 요셉만큼 중요한 사람일 수는 없었어요.

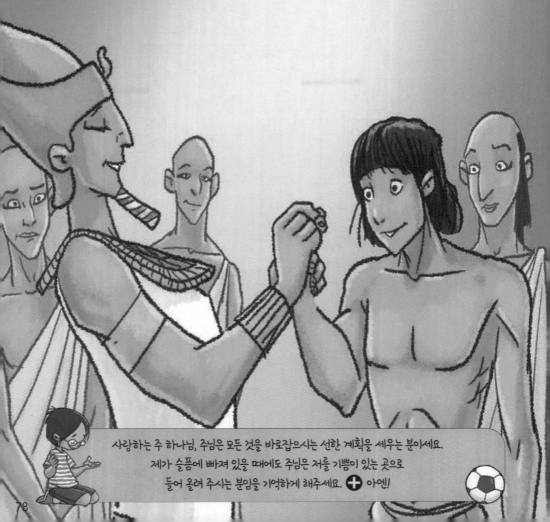

사랑하는 주 하나님, 주님은 모든 것을 바로잡으시는 선한 계획을 세우는 분이세요.
제가 슬픔에 빠져 있을 때에도 주님은 저를 기쁨이 있는 곳으로
들어 올려 주시는 분임을 기억하게 해주세요. ✚ 아멘!

7년의 풍년

창세기 41:46-52

이제 요셉은 이집트를 다스리는 사람이 됐어요.
요셉은 풍년에 거둘 곡식을 저장할 큰 창고를 나라 곳곳에 건설했어요.
요셉의 말대로 풍년이 찾아왔고
창고에는 헤아리기 힘들 정도로 많은 곡식들이 쌓였어요.
창고가 가득 찰 정도의 풍년이 끝나자 곧 극심한 가뭄이 찾아왔어요.
정확히 요셉이 왕에게 말한 대로였어요.
요셉 덕분에 이집트는 흉년에도 아무런 문제가 없었어요.
오히려 주변 나라에서 식량을 얻으러 이집트로 왔어요.
하나님이 왕의 꿈을 통해 요셉에게 경고하신 덕분에
많은 사람들이 흉년에도 목숨을 구할 수 있었어요.

사랑하는 주 하나님, 주님은 사람을 지혜롭게 하시고,
높은 자리에도 올리실 수 있는 능력의 주님이세요.
제 삶의 모든 것을 이루신 분이 바로 주님이심을 알게 도와주세요. ✚ 아멘!

곡식을 사러 온 형제들

창세기 42:1-14

이집트의 왕궁은 곡식을 사러 온 외부인들로 붐볐어요.
곡식을 사러 온 사람들을 살펴보던 요셉은 깜짝 놀랐어요.
유독 눈에 띄는 사람들이 있었는데 바로 자신을 노예로 판 형들이었어요.
막내인 베냐민을 빼고는 모두 예전 모습 그대로였어요.
요셉은 매우 기뻤지만, 또한 매우 슬펐어요.
요셉이 자기를 노예로 판 형들을 기뻐하며 도울 수 있었을까요?
놀랍게도 요셉은 형들을 돕기로 했어요.
그러나 요셉은 형들이 자신에게 했던 나쁜 짓을 베냐민에게도 할까 봐
베냐민을 형들과 떨어트려 놓기로 했어요.
요셉은 총리의 위엄을 보이며 형들을 불러 조치를 취했어요.

사랑하는 주 하나님, 주님은 제가 생각지도 못한 놀라운 일들을 행하시는 분이세요.
저에게도, 함께 하는 사랑들에게도,
주님의 놀라운 일들이 일어나게 해주세요. ✚ 아멘!

베냐민을 데리러 간 형들

창세기 42:15-43:15

요셉은 몇몇 형들을 인질로 잡고
나머지 형들과 베냐민에게 곡식을 넉넉히 주어
고향으로 돌려보냈어요.
요셉은 베냐민이 너무 보고 싶어서 인질로 잡아둔 형들에게
고향으로 돌아가 베냐민을 데려오라고 명령했어요.
요셉의 말을 들은 형들은 크게 두려워했어요.
그때까지도 형들은 요셉이 이집트의 총리라는 사실을 알지 못했어요.
베냐민을 데리러 가는 길에 형들은 서로 다퉜어요.
"이게 다 요셉에게 저지른 죄 때문에 우리가 벌을 받는 거야."
"네가 먼저 팔자고 했잖아."
"하나님이 지금 우리를 벌하고 계셔."
나귀 뒤에 곡식을 가득 실었지만
형들은 끊임없이 싸우며 길을 떠났어요.

사랑하는 주 하나님, 아무리 화가 나더라도 다른 사람에게 실수하지 않도록
제 마음을 지켜주세요. 화가 나서 마음 가는 대로 하지 않고 주님의 도움을 받아
오히려 선한 일을 할 수 있는 힘을 주세요. ✝ 아멘!

밝혀진 요셉의 정체

창세기 45:1-15

막내인 베냐민을 다시 만난 요셉은 눈물을 흘리며 매우 기뻐했어요.
이때 요셉의 신하가 "총리님, 왜 눈물을 흘리시나요?"라고 물었어요.
우는 요셉을 앞에 둔 베냐민은 당황했고
형들도 영문을 몰라 어리둥절했어요.
그러자 요셉이 형들을 불러 모았어요.
그러고는 "형들이 팔아버린 요셉이
바로 이집트의 총리인 나예요"라고 말했어요.

사랑하는 주 하나님, 제 마음에 떠오르는 모든 분노를
다른 사람에게 풀지 않고 주님께 맡기게 도와주세요.
기도와 말씀으로 제 마음을 지킬 수 있게 도와주세요. ✚ 아멘!

다시 하나가 된 가족

창세기 46:29-47:12

요셉은 형들의 죄를 다 용서했어요.
요셉은 이집트의 가장 비옥한 땅인 고센에서
아버지와 더불어 온 가족이 다시 모여 살자고
형들에게 권유했어요.
고향으로 돌아간 형들은 요셉이 살았다는 기쁜 소식과
이제 요셉이 이집트에서 왕과 같은 높은 사람이 됐다는
믿을 수 없는 사실을 아버지에게 전했어요.
요셉의 말에 고향 땅에 살던 가족들은 짐을 꾸려 이집트로 떠났어요.
이집트가 흉년에도 창고에 풍성하게 곡식을 쌓아둘 수 있었던 것도
모두 하나님께서 지혜를 주신 요셉 덕분이었어요.

사랑하는 주 하나님, 우리가 생각하고 상상하는 것보다
훨씬 더 좋은 것들을 주시는 주님께 감사하는 제가 되게 도와주세요. ✚ 아멘!

노예가 된 이스라엘 백성

출애굽기 1:1-14

요셉이 죽고 오랜 시간이 흘러 이스라엘의 후손들은
번성하고 또 번성했어요.
숫자가 많아진 이스라엘 백성들이 이집트를 차지하게 될까 봐
걱정한 왕은 이들을 노예로 만들었어요.
이스라엘 백성들은 자유를 잃었고, 출세할 수도 없으며
온종일 힘든 일을 하며 하루를 보냈어요.
이집트의 태양은 매우 뜨거웠고,
간수들은 이스라엘 백성들을 감시하며 괴롭혔어요.
노예가 된 이스라엘 백성들은 하나님께 구해달라고 간절히 기도했어요.
하나님은 백성들의 간절한 기도를 놓치지 않고 듣고 계셨어요.

사랑하는 주 하나님, 제가 할 수 없는 일을 주님은 충분히 하실 수 있는 분이심을 믿어요.
저의 힘으로 이겨낼 수 없는 힘든 일이 생길 때마다
주님 앞에 나아가 기도하게 해주세요. ✚ 아멘!

바구니에 담긴 아기

출애굽기 2:1-6

이집트 왕의 질투로 이스라엘 백성은 사내아이를 낳으면
그 자리에서 죽여야 했어요.
모세의 어머니는 아기를 너무 사랑해 도저히 죽일 수가 없어
몰래 아기를 키우다가 울음소리가 너무 커지자
어쩔 수 없이 바구니에 넣어 강물에 띄워 보냈어요.
모세의 누나 미리암은 모세가 탄 바구니가 육지에 안전하게
다다르는지 보고 싶어 조심조심 뒤를 따라갔어요.
모세가 탄 바구니는 이집트 공주가 발견했어요.
"어머, 바구니에 아기가 타고 있잖아?
이 아기를 양자로 들여야겠다."
이 모습을 지켜보던 미리암은 안심했어요.

사랑하는 주 하나님, 주님이 원하시는 삶을 살아가고 싶어요.
제 모든 말과 행동이 주님이 보시기에
합당한 말과 행동이 되게 해주세요. ✚ 아멘!

왕자가 된 모세

출애굽기 2:7-10

이집트 공주가 모세를 거두는 모습을 본 미리암은
좋은 생각이 떠올랐어요.
수풀에 숨어있던 미리암은 용기를 내 공주에게 말을 걸었어요.
"공주님, 안녕하세요.
제가 마침 아기에게 젖을 줄 좋은 유모를 알고 있답니다."
공주는 미리암이 신뢰할 만한 좋은 소녀라고 생각해
유모를 데려오라고 했어요.
미리암은 곧장 집으로 가서 엄마를 모셔와 모세를 돌보게 했어요.
모세는 무럭무럭 자라 이집트의 왕자가 됐어요.

사랑하는 주 하나님, 주님은 저뿐 아니라 모든 사랑의 행동과 생각을
아시는 분이세요. 주님의 계획을 따를 때 생각지도 못한 멋진 일들을
경험할 수 있어요. 오직 주님의 계획에 순종하는 제가 되게 해주세요. ✚ 아멘!

이집트를 탈출하다

출애굽기 2:11-20

이집트 왕자가 된 모세가 어른이 되었을 때
자기의 민족인 히브리 사람들이
고되게 노동하며 이집트 사람에게 심하게 맞는 모습을 보고
그 이집트 사람을 죽였어요.
이 일이 탄로나 이집트 왕이 모세를 죽이려 하자
모세는 미디안 땅으로 도망했어요.
이집트를 떠나 사막을 떠돌던 모세는
많은 양떼를 치는 여인들을 보고 그들을 도와주었어요.

모세가 마음에 들었던 여인들은 모세가 자리를 잡을 수 있도록
아버지에게 데려가 소개했어요.
"우리 일을 도와준 착한 사람이에요.
갈 곳이 없다는데 우리와 함께 지내면 안 될까요?"
아버지의 승낙으로 모세는 이제 이 가족의 일원이 되어
함께 생활했어요.

사랑하는 주 하나님, 주님이 곧 저와 맞는 친구들을 만나게 해주실 거라 믿어요.
친구도 없이 혼자 외롭다고 느낄 때 주님이
저와 함께 계시다는 사실을 기억하게 해주세요. ✚ 아멘!

불타고 있는 떨기나무

출애굽기 3:1-14

어느 날, 모세가 양들을 치고 있는데
갑자기 한 떨기나무에서 불이 나기 시작했어요.
나무를 태우지 않고 계속 피어나는 신기한 불이었어요.
하나님은 불을 통해 나타나 모세에게 말씀하셨어요.
"네가 온 왕국으로 다시 돌아가라."
하나님은 모세를 통해 노예로 살고 있는 이스라엘 백성들을
다시 자유롭게 하시기를 원했지만 모세는 자신이 없었어요.
'왕이 내 말을 듣고 이스라엘 백성을 풀어주려 할까?'
모세의 이런 마음을 알고 계셨던 하나님은
모세에게 아무 걱정 하지 말라고 말씀하셨어요.
"내가 너와 함께 할 것이다."

사랑하는 주 하나님, 주님의 계획이 이해가 되지 않을 때도 있고,
주님의 계획을 알면서도 용기가 부족할 때가 있어요. 그런 상황에서도
순종하게 해주시고, 제가 해야 할 일을 일러주세요. ✚ 아멘!

뱀이 된 막대기

출애굽기 4:1-5

모세는 하나님의 음성을 들었지만 그럼에도 걱정을 멈출 수가 없었어요.
'이스라엘 백성들도 내가 하나님이 보내셨다는 말을 믿어줄까?'
하나님은 모세에게 막대기를 주워 던져보라고 말씀하셨어요.
하나님의 말씀대로 하자 막대기가 뱀으로 변해
땅을 쓸고 지나가며 똬리를 틀었어요.
하나님이 다시 말씀하셨어요.
"뱀의 꼬리를 잡아보아라."
모세가 손을 뻗어 뱀의 꼬리를 잡자 뱀은 다시 막대기가 됐어요.
이스라엘 백성에게 이런 기적을 보여준다면 모세가
하나님께서 보낸 선지자라는 사실을 믿을 것이 분명했어요.

사랑하는 주 하나님, 주님이 제게 맡기신 일을 하기에는
힘도 지혜도 부족할 수 있어요. 기도하면 응답하시는 주님께 간구하오니
저에게 부족한 힘과 지혜를 풍성하게 채워주세요. ✚ 아멘!

모세의 조력자, 아론

출애굽기 4:10-17

모세에게는 말을 잘 못한다는 큰 문제가 있었어요.
이미 이 사실을 알고 계셨던 하나님은 도울 사람을 준비하셨어요.
모세의 형 아론은 말을 매우 잘해
모세를 돕기에 충분한 능력을 갖춘 사람이었어요.
하나님의 말씀대로 아론도 이미 모세와 함께할 준비가 되어 있었어요.
오랜만에 모세를 만난 아론은 매우 반갑게 맞아주었어요.

사랑하는 주 하나님, 주님을 향한 순전한 믿음이 제 안에 있기를 원합니다.
제가 하고 있는 일에 확신이 들지 않아도
주님을 신뢰하는 마음을 잃지 않게 도와주세요. ✚ 아멘!

왕궁으로 돌아온 모세

출애굽기 4:20-31

모세는 하나님의 말씀대로 모든 일을 실천했어요.
이집트로 돌아간 모세는 이스라엘을 이끄는 리더들을
한 곳에 불러모았어요.
모세는 그들에게 하나님이 자신을 어떻게 도우셨으며,
지금 무슨 일을 하기 위해 다시 이집트로 돌아왔는지 설명했어요.
모세를 통해 하나님의 계획을 들은 이스라엘(히브리) 백성들은
크게 기뻐했어요.
하나님이 모세를 보내주신 이유는 이스라엘 백성들을
노예에서 해방하기 위해서였어요!
하나님은 이스라엘 백성들의 신음과 기도를 잊지 않고 계셨어요.
하나님의 정하신 정확한 때에 모세가 이스라엘 백성 앞에 나타났어요.

사랑하는 주 하나님, 항상 저의 기도를 들으시고 제가 위급할 때마다
구해주시는 주님께 큰 감사와 찬양을 드립니다.
제 평생 동안 주님께 큰 감사와 찬양을 드리게 해주세요. ✚ 아멘!

왕과 대면한 모세

출애굽기 5:1-5

이스라엘 백성들은 너무 오랫동안 큰 고통을 겪고 있었기에
모세는 더 이상 지체할 수 없다고 생각했어요.
모세는 곧바로 왕궁으로 가 왕을 만났어요.
오랜만에 모세를 본 왕에게 모세는
용기를 내어 하나님이 주신 말씀을 전했어요.
"하나님의 백성인 이스라엘 사람들을 풀어주십시오."
이 말을 들은 왕은 모세를 비웃었어요.
"나한테 명령을 내릴 수 있는 사람은 아무도 없다.
그리고 내가 왜 너희의 하나님 말을 따라야 하지?"

사랑하는 주 하나님, 모든 악으로부터 저를 지켜주세요.
어떤 상황에서도 제가 믿음을 잃지 않고
마음을 강하게 만들 수 있도록 큰 용기를 주세요. ✚ 아멘!

시련을 겪는 이집트의 왕

출애굽기 5:6-6:11; 7:10-24

이스라엘 백성들을 해방시키러 왔다는 모세의 말에
상황은 점점 나빠졌어요.
모세의 말을 들은 왕은 크게 화를 내며
이스라엘 백성들을 더 심하게 학대했어요.
이집트 감독들도 이스라엘 백성이
도저히 견딜 수 없을 정도로 심하게 학대했어요.
하나님은 조금만 더 참고 기다리라고 말씀하셨어요.
마침내 하나님의 때가 되자 이집트 왕에게 시련이 닥쳐왔어요.
이집트 사람들이 생명처럼 여기는 소중한 강물이
빨간 피로 변해 마실 수도, 씻을 수도 없게 하셨어요.

사랑하는 주 하나님, 다른 사람들이 선한 일을 행하지 않는다고
저까지 악을 행하지 않게 도와주세요.
악과 싸우고 오히려 선을 행하는 제가 되게 해주세요. ✚ 아멘!

개구리로 뒤덮인 이집트

출애굽기 8:1-15

이집트 땅을 따라 흐르는 강에서 썩은 냄새가 나기 시작했어요.
온 나라에 악취가 가득해 아무도 일을 할 수 없을 지경이었어요.
모세는 다시 왕을 찾아가 말했어요.
"하나님의 백성인 이스라엘 사람들을 보내주십시오."
왕은 여전히 완고했어요.
"어림도 없는 소리 말아라!"
하나님은 왕에게 다시 벌을 내리셨어요.
하나님은 하늘을 덮을 정도로 수많은 개구리 떼가
이집트를 덮치게 하셨어요.
이집트의 전국 방방곡곡에서 수많은 개구리들이
온종일 울고 뛰기 시작했어요.
사람들이 잠을 잘 수 없을 정도로
수많은 개구리들이 이집트를 뒤덮었어요.

사랑하는 주 하나님, 주님이 제 마음에 주시는 평안과 사랑을 느끼며
살아가기 원합니다. 주님이 언제나 저와 함께 하신다는 사실을 믿고
어떤 상황에서도 두려워하지 않게 도와주세요. ✚ 아멘!

이와 파리 재앙

출애굽기 8:15-32

이집트 전역을 뒤덮은 개구리 떼를 보고도
왕은 이스라엘 백성들을 풀어주지 않았어요.
하나님은 다시 한번 이집트에 벌을 내렸어요.
이가 나타나 사람들을 공격했고
온 백성이 피부병으로 큰 고통을 받았어요.
모세가 다시 왕을 찾아가 백성들을 풀어주라고 요구했어요.
"하나님의 백성인 이스라엘 사람들을 놓아주지 않으면
또 다른 재앙이 올 겁니다."
왕이 여전히 고집을 부리자 이제는 구름처럼 보일 정도의 수많은 파리 떼가
이집트를 덮었고 왕궁을 비롯한 온 거리가 파리로 가득 찼어요.

사랑하는 주 하나님, 주님을 바라보며 살아갈 때 제 삶이 행복해지고
제 믿음이 더욱 튼튼해진다는 사실을 믿어요. 극복하기 힘든 일들이 찾아와도
주님을 바라보며 믿음의 시선을 잃지 않게 도와주세요. ✚ 아멘!

가축의 죽음과 종기 재앙

출애굽기 9-10:20

하나님이 내리신 재앙으로 이집트 땅의 모든 가축들이 죽고 말았어요.
왕은 분노로 울부짖으며 지금은 물론이고 평생 어떤 일이 있어도
이스라엘 백성들을 절대 보내지 않겠다고 맹세했어요.
그로부터 얼마 지나지 않아 이집트 사람들의 몸에
종기가 생기기 시작했어요.
그래도 왕이 고집을 꺾지 않자 하나님은 이집트에 큰 우박을 내리셨고
더는 고통을 견디지 못한 이집트 백성들이 왕을 찾아가 울부짖었어요.
"우리가 죽게 생겼으니 제발 이스라엘 백성들을 풀어주십시오."

사랑하는 주 하나님, 언제나 옳은 일이 무엇인지 아시는 주님께 먼저 기도하길 원해요.
큰 문제가 생겨 제 마음이 슬플 때에도 주님을 잊지 않고
기도로 도움을 구하게 해주세요. ✚ 아멘!

어둠이 깔린 이집트

출애굽기 10:21−12:32

자기 백성들이 울부짖어도 왕은 고집을 꺾지 않았어요.
그러자 하나님은 이집트 전역을 온종일 어둡게 만드셨어요.
아침도, 낮도, 밤처럼 어두웠어요.
모세는 왕을 찾아가 마지막으로 경고했어요.
그럼에도 왕은 여전히 고집을 꺾지 않았어요.
왕이 더는 모세의 말을 듣지 않자
하나님은 양을 잡아 그 피를 각 집의 문틀에 뿌리라고 하셨고,
피를 뿌리지 않은 집은 왕의 장남부터
이집트의 모든 장남과 짐승의 처음 난 것을 모조리 죽이셨어요.
왕의 아들이 죽었다는 소식이 들려왔어요.
이제는 왕도 항복할 수밖에 없었어요.
왕은 눈물을 흘리며 모세를 향해 소리쳤어요.
"모세! 저 밖에 있는 노예들도 모두 데리고 당장 사라져라!"
이스라엘 백성들은 마침내 자유의 몸이 됐어요.

사랑하는 주 하나님, 주님의 응답을 기다리며 인내하는 것은 정말 힘든 일이에요. 그러나 반드시 응답하시는 주님을 믿고 끝까지 기다리게 도와주세요. ✚ 아멘!

이집트를 탈출하는 이스라엘 백성

출애굽기 12:33-14:2

이스라엘 백성들은 서둘러 이집트를 떠날 준비를 했어요.
재빨리 짐을 꾸린 이스라엘 백성들은 기르던 가축을 챙겨
최대한 빨리 이집트를 떠났어요.
아직 동이 트기도 전에 이스라엘 백성들은 이집트를 떠났고
꿈에 그리던 자유를 얻었어요.
하나님은 낮에는 커다란 구름 기둥, 밤에는 불기둥으로
이스라엘 백성들을 인도해 주셨어요.
바다를 앞에 두고 잠시 휴식을 취하던 이스라엘 백성들은
기도에 응답하신 하나님께 감사를 드렸어요.

사랑하는 주 하나님, 일출의 아름다운 햇빛처럼 주님은 제 마음에
매일 새로운 기쁨을 비추시는 분이세요. 매일 제 삶에 기쁨과 행복을 주시는
주님께 감사와 찬양을 드리게 해주세요. ✚ 아멘!

이집트 군대의 추격

출애굽기 14:5-22

바다 앞에 자리를 잡고 휴식을 취하던 이스라엘 백성들의 눈에
믿을 수 없는 광경이 펼쳐졌어요.
이집트 군대가 엄청난 속도로 이스라엘 백성들을 쫓아오고 있었어요.
마음이 변한 왕이 이스라엘 백성들을 다시 노예로 만들기 위해
군대를 보낸 것이었어요.
이런 상황에서도 믿음을 잃지 않은 모세는 하나님의 말씀대로
지팡이를 잡고 바다를 향해 손을 뻗었어요.
그러자 큰 파도가 양쪽에서 몰아치더니
바다가 양쪽으로 갈라지며 바다 가운데에 마른 땅이 드러났어요.
이스라엘 백성들은 마른 땅을 통해 바다를 안전하고 빠르게 건너갔어요.

사랑하는 주 하나님, 언제나 저를 구원해 주시는 주님께 큰 감사를 드려요.
저의 구원자이신 주님을 찬양하게 해주세요. ✚ 아멘!

미리암의 찬양

출애굽기 15:19-21

하나님이 보여주신 기적으로 모든 이스라엘 백성들은 무사했어요.
이스라엘 백성들은 하나님께 감사하며,
춤과 노래로 기뻐하며 예배를 드렸어요.
이때 예언자 미리암이 기쁨의 찬양으로 백성들을 이끌었어요.
"여러분, 하나님을 찬양합시다."
미리암은 하나님을 향한 찬양을 멈추지 않았어요.
"하나님이 모든 것을 극복하게 하시고 우리에게 승리를 주셨습니다!"

사랑하는 주 하나님, 제 마음의 상처를 어루만지시고
저를 회복시키시는 주님께 감사를 드려요.
춤추고 노래하며 주님이 주신 기쁨을 표현하게 해주세요. ✚ 아멘!

하늘에서 떨어진 만나

출애굽기 16:2-18

하나님의 도움으로 해방된 이스라엘 백성들이었지만
배가 고파지자 곧 하나님을 원망했어요.
"노예였던 시절이 차라리 좋았어. 그때는 최소한 굶지는 않았잖아."
백성들의 원망이 점점 커지자 모세는
하나님께 기도로 도움을 요청했어요.
다음 날 아침이 되자 하늘에서 내려온 얇고 작은 빵과 같은
'만나'라는 음식과 메추라기 고기가 땅에 잔뜩 떨어져 있었어요.
하나님께서 주신 만나와 고기로 배를 채운 이스라엘 백성들은
다시 하나님께 감사를 드렸어요.

사랑하는 주 하나님, 제가 도움을 구할 때마다 주님은 언제나 응답해 주시는 분이세요.
하늘에서 매일 식량을 내려주실 수 있는 능력의 주님을 믿고 의지하게 해주세요. ✚ 아멘!

바위에서 나온 생수

출애굽기 17:1-7

광야에서 오랜 시간을 보내던 이스라엘 백성들은
다시 불평을 시작했어요.
"목이 너무 마릅니다. 우리에게 물을 주세요."
매일 불평하는 이스라엘 백성들에게 모세는 화를 냈어요.
"당신들은 왜 항상 불평만 합니까? 아직도 하나님을 믿지 못합니까?"
모세가 물을 달라고 하나님께 기도하자 하나님은 앞에 있는
큰 바위를 지팡이로 치라고 말씀하셨어요.
하나님의 말씀대로 바위를 치자
시원하고 맑은 물이
바위에서 뿜어져
나왔어요.

사랑하는 주 하나님, 제가 필요한 무언가를 주님께 구할 때
주님은 저에게 얻을 방법을 알려주시는 분이세요.
필요한 모든 것을 채워주시는 주님께 감사하게 해주세요. 아멘!

계명을 받은 모세

출애굽기 19:3-25

하나님은 모세를 산꼭대기로 부르셨어요.
모세는 하나님이 주신 지켜야 할 계명이 무엇인지를 들었어요.
산 밑에서 모세가 올라간 산을 바라보던 사람들은 모세를 걱정했어요.
산 중턱부터 정체를 알 수 없는 거대한 구름에 둘러싸여
모세의 모습이 보이지 않았기 때문이에요.
모세는 하나님이 주신 계명을 듣고
다친 곳 하나 없이 멀쩡하게 내려왔어요.
"하나님이 산에서 모세와 대화를 나누셨다."
모세의 빛나는 모습을 본 사람들은
모세가 하나님을 만나고 왔다는 사실을 믿었어요.
이스라엘 백성들은 모세가 백성들에게 전한 하나님의 계명이
진짜로 하나님이 주신 계명이라는 사실을 믿었어요.

사랑하는 주 하나님, 주님을 믿지 않는 사람들에게
제가 어떤 말을 해야 하는지 알 수 있는 지혜를 주세요.
제 말을 통해 사람들이 주님을 믿게 되는 놀라운 일이 일어나게 해주세요. ✚ 아멘!

십계명

출애굽기 20:1-21

하나님은 돌판에 열 가지 계명을 새겨 모세에게 주셨어요.

"하나님 외에 다른 신은 없다."

이것은 하나님이 주신 첫 번째 계명이었어요.

하나님은 사람들이 하나님 아닌 다른 신을 섬기고

기도하는 일을 원치 않으셨어요.

하나님은 사람들이 서로 사랑하고, 바른 말을 사용하고,

일주일에 하루는 거룩하게 하나님을 예배하며 보내라고 명령하셨어요.

사람들은 하나님이 주신 계명을 따라 사람을 죽이면 안 됐고,

속여도 안 됐고, 남의 것을 훔쳐도 안 됐어요.

하나님은 자신들의 소유가 아닌 것을 탐내지 말고,

거짓을 말하지 말라고 말씀하셨어요.

하나님의 음성에 산이 떨리고 신비한 연기가 피어오르자

백성들은 크게 두려워했어요.

이 모습을 본 모세가 백성들을 진정시켰어요.

"두려워하지 마십시오. 하나님이 십계명을 주신 이유는

여러분을 돕기 위해서입니다."

사랑하는 주 하나님, 주님이 저에게 계명을 주신 이유는 저를 안전하게 지켜주시고,
제가 더 행복하길 바라시기 때문이에요.
제가 주님이 주신 계명들을 지키며 살아갈 수 있게 도와주세요. ✚ 아멘!

성막을 건설한 이스라엘 백성

출애굽기 25:1-22

이스라엘 백성들은 하나님께 감사한 마음으로
하나님이 머무실 특별한 장소를 짓기 시작했어요.
하나님이 주신 십계명과 같이
귀중한 성물들을 보관할 거룩한 장소였어요.
하나님은 모세에게 이 특별한 장소를
어떻게 지어야 하는지 알려주셨어요.
파란색, 보라색, 붉은색 천막을 사용하고,
금으로 장식할 꽃을 만들어야 했어요.
이스라엘 백성들은 기쁜 마음으로 성막을 짓는데
필요한 물건들을 하나님께 드렸어요.
어떤 사람들은 금, 은과 같이 귀한 보석을 가져왔고,
어떤 사람들은 자신들의 재능으로 하나님을 섬겼어요.
성막이 다 지어지자 사람들은 금으로 수놓은 함에
십계명을 넣어 보관했어요.

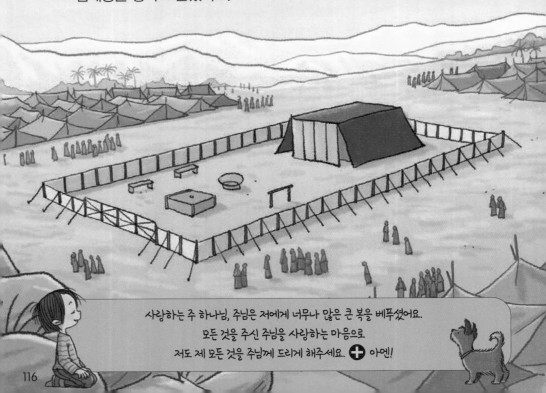

사랑하는 주 하나님, 주님은 저에게 너무나 많은 큰 복을 베푸셨어요.
모든 것을 주신 주님을 사랑하는 마음으로
저도 제 모든 것을 주님께 드리게 해주세요. ✚ 아멘!

모세의 후계자, 여호수아

여호수아 1:1-9

이스라엘 백성들이 계속해서 거닐던 광야는 너무 덥고 메말랐어요.
이스라엘 백성들은 광야를 떠나 정착할 땅을 원했지만
아직 하나님의 말씀이 없었기에 계속해서 기다렸어요.
마침내 하나님이 준비하신 때가 다다랐어요.
모세가 죽고 여호수아가 이스라엘 백성들을 이끄는
새로운 지도자가 됐어요.
하나님은 여호수아에게 "강하고, 담대하라"라고 말씀하셨어요.
여호수아는 이스라엘 백성을 하나님이 주시겠다고
약속하신 땅으로 이끌었어요.

사랑하는 주 하나님, 저를 사용해 주실 주님을 믿고 의지합니다.
여호수아처럼 저도 강하고 담대하게
사람들을 이끄는 리더가 되게 해주세요. ✚ 아멘!

여호수아의 첩자들

여호수아 2:2-21

성 안에 정탐꾼이 침입했다는 제보를 받은 병사들이
한 집을 찾아가 문을 두드렸어요.
그들은 이미 집 안에 정탐꾼이 있다는 사실을 알고 있었지만
집 주인인 라합은 태연히 병사들을 속여넘겼어요.
"여기에 정탐꾼이 있다고요?
그럼 진작에 내가 비명을 지르지 않았을까요?"
라합의 집에는 정탐꾼 두 명이 이미 숨어있었어요.
그러나 라합은 하나님이 이스라엘 백성을 사랑하신다는 사실을 알았기에
정탐꾼들을 숨겨주고 안전하게 탈출할 수 있도록 도왔어요.
정탐꾼들은 라합과 가족들을 반드시 안전하게 지켜주겠다고
약속한 뒤 라합이 준비한 밧줄을 타고 창문으로
빠져나갔어요.

사랑하는 주 하나님, 혼란한 세상 속에서 진실이 무엇이고
옳은 일이 무엇인지 올바로 분간할 수 있는 지혜를 주세요. ✚ 아멘!

약속의 땅

여호수아 2:24-3:17

강을 건너는 이스라엘 백성들은 뛸 듯이 기뻤어요.
40년이라는 긴 시간 동안을 광야에서 지낸 이스라엘 백성들은
마침내 하나님이 약속하신 땅에 도착했어요.
하나님이 말씀하신 땅은 비옥하고 푸르렀어요.
젖과 꿀이 흐를 정도로 비옥한 이 땅을
하나님은 이스라엘 백성들에게 주시겠다고 약속하셨어요.
하나님은 놀라운 능력으로 흐르는 강물을 멈춰주셨고
이스라엘 백성들은 마른 땅을 밟고 하나님이 약속하신 땅에 들어갔어요.

사랑하는 주 하나님, 모든 선하고 좋은 것들은 주님만이 주실 수 있어요.
제가 구하는 모든 것들을 주님이 응답하실 때까지
믿음으로 기다릴 수 있도록 도와주세요. ✚ 아멘!

무너진 여리고성

여호수아 6:1-20

여리고성은 매우 높고 강력한 성벽으로 둘러싸여 있었어요.
그러나 하나님을 막기에는 역부족이었죠.
하나님은 여호수아에게 여리고성을 함락시킬 방법을 알려주셨어요.
여호수아는 하나님이 알려주신 대로 이스라엘 백성들에게
매일 여리고성 주변을 돌라고 명령했어요.
일곱째 날에는 성을 일곱 바퀴를 돌고 난 이스라엘 백성들이
나팔을 불고 함성을 질렀어요.
그 순간 그 강대하던 여리고 성벽이 무너져 내렸고
이스라엘 백성들은 하나님의 놀라운 능력을
두 눈으로 똑똑히 목격했어요.

사랑하는 주 하나님, 함성으로는 성벽을 무너트릴 수 없지만 주님은 이 불가능한 일을 통해
세상의 모든 것을 통치하시는 분이라는 사실을 보여주셨어요.
세상 모든 만물을 다스리시는 분이 주님이심을 세상 사람들도 알게 해주세요. ✚ 아멘!

해와 달의 복종

여호수아 10:5-14

여호수아는 약속의 땅을 차지하고 있는
강한 민족들과 계속해서 싸웠어요.
하나님은 어떤 강한 군대를 만나더라도
두려워 말고 담대하라고 말씀하셨어요.
하나님은 여호수아에게 반드시 승리를 주겠다고 약속하셨고
여호수아는 하나님의 말씀을 믿음으로 용기를 냈어요.
중요한 전투를 치르던 여호수아는 하나님의 말씀을 따라 크게 외쳤어요.
"해와 달은 지금 그 자리에서 움직이지 말고 가만히 멈춰 있어라!"
시간이 아무리 흘러도 해가 지지 않아 계속 낮과 같이 밝았어요.
해가 지지 않아 도망칠 수 없었던 군대는 이스라엘 백성들에게
참패를 당했고 여호수아와 이스라엘 백성은 완전한 승리를 얻었어요.

사랑하는 주 하나님, 여호수아처럼 제 마음도 강하고 담대할 수 있도록 도와주세요.
불가능이 없으신 주님의 능력을 믿습니다. ✚ 아멘!

약속의 땅, 가나안

여호수아 13:1:-33

이집트에서 노예 생활을 하던 이스라엘 백성들은
마침내 하나님이 주시겠다고 약속하신 가나안 땅을 차지했어요.
이스라엘 백성은 모든 나라, 모든 도시와의 전쟁에서 승리를 거뒀어요.
이 새로운 나라는 이스라엘이라는 이름으로 불렸어요.
여호수아는 이 새로운 땅을 각 부족에게 적절히 나눠주었어요.
수많은 세월이 흐르고 거룩한 도시 예루살렘이
이스라엘의 수도로 정해졌어요.
하나님의 약속은 마침내 전부 이루어졌어요.

사랑하는 주 하나님, 이루어지지 않는 주님의 약속은 없어요.
주님이 저에게 주시겠다고 약속하신 말씀을 정말로 믿고 구하게 도와주세요. ✚ 아멘!

사사 드보라

사사기 4:1-9

드보라는 하나님의 뜻을 백성들에게 전하는
이스라엘의 지도자였어요.
이웃 나라의 장군 시스라는 강력한 군대를 끌고 와
20년 동안이나 이스라엘을 약탈했어요.
드보라는 이스라엘 군사들에게 하나님이 힘을 주실 것이니
시스라와 맞서 싸우라고 명령했어요.
시스라 군대의 강력함을 두려워한 군사들은 드보라에게 사정했어요.
"제발 저희와 함께 가주십시오."
드보라는 함께 전쟁터에 가겠다고 담대하게 말하며 대답했어요.
"하나님이 시스라 장군을 여인의 손에 붙이겠다고 말씀하셨습니다."

사랑하는 주 하나님, 주님이 저에게 맡기신 일을 담대히 완수하는 담력과
지혜를 주세요. 드보라처럼 주님께 쓰임 받는 사람이 되게 해주세요. ✚ 아멘!

125

승리한 드보라

사사기 4:40-16

드보라는 이스라엘 군사들과 함께 강대한 적군과 맞섰어요.
장군 시스라는 이스라엘 백성들이 온다는 소식을 듣고
병사들을 끌고 나왔어요.
드보라가 이스라엘 군사들을 향해 소리쳤어요.
"일어나라! 하나님이 우리와 함께하신다."
이 말을 들은 시스라 장군은 갑자기 큰 두려움에 빠져 싸우기도 전에
갑자기 전차에서 내려 뒤도 돌아보지 않고 도망쳤어요.
시스라 장군은 제대로 힘 한 번 써보지 못했고
드보라와 이스라엘 백성들은 쉽게 승리를 거뒀어요.

사랑하는 주 하나님, 주님은 종종 제가 극복하기 힘든 상황 속에 저를 놓아두세요.
주님이 언제나 제 곁에 계심을 믿습니다.
주님이 주신 용기로 이런 상황들을 극복하게 해주세요. ✚ 아멘!

용감한 야엘

사사기 4:17-22

드보라를 피해 도망친 시스라 장군은
가까운 지역에 숨을 곳을 찾았어요.
야엘이라는 여인이 시스라를 불렀어요.
"저희 집에 와서 숨으세요."
야엘은 시스라에게 쉴 곳과 먹을 것을 제공하며 안심시켰어요.
그러나 야엘은 시스라가 이스라엘을 오랫동안 괴롭혔던
원수라는 걸 이미 알고 있었어요.
도망친 시스라를 찾으러 드보라와 군대가 근처에 오자
야엘이 마중을 나갔어요.
"당신들이 찾고 있는 그 사람이 어딨는지 제가 알고 있습니다."

사랑하는 주 하나님, 주님이 제게 지키라고 명하신 내용을 지키기 힘들 때가
종종 있어요. 그럴 때도 의심 없이 주님께 복종하는 제가 되게 해주세요. ✚ 아멘!

야엘을 위해 부른 드보라의 노래

사사기 5:24-31

이스라엘의 원수를 잡아 죽인 야엘을 칭찬하며
드보라는 노래를 불렀어요.
"야엘은 두려워하지 않고 이스라엘의 원수를 제거했다네.
이스라엘의 원수를 물리친 야엘처럼 다른 모든 원수도 멸하십시오.
주님, 주님을 사랑하는 자들에게는
떠오르는 해처럼 강력한 힘을 주시옵소서."

사랑하는 주 하나님, 주님을 위한 일을 하는 영웅이 될 수 있도록 제 삶을 인도해 주세요.
어렵고 힘든 순간에도 주님이 바라시는 일을 실천하며 살아가게 해주세요. ✚ 아멘!

기드온과 천사

사사기 6:11-16

밀을 추수하고 있는 기드온에게 어떤 남자가 말을 걸었어요.
"크고 용감한 사람이여, 하나님이 당신과 함께 하십니다."
상수리나무 아래 앉아서 기드온을 바라보던 천사의 말이었어요.
천사는 기드온이 이스라엘 민족과 나라를 구할 것이라고 말했어요.
이 말을 들은 기드온은 천사가 무언가 착각하고 있다고 생각했어요.
천사가 해준 축복의 말은 너무 고마웠지만,
기드온은 그런 일을 해낼 능력이 없는 가난한 농부일 뿐이었죠.
그런데도 천사는 하나님이 이미 기드온을 선택하셨으며,
기드온을 통해 이스라엘을 구원하실 것이라는 말을 전했어요.

사랑하는 주 하나님, 주님은 사람의 외적 모습이 아닌 마음 중심을 보시는 분이세요.
제 마음이 주님이 보시기에 합당한 아름다운 마음이 되도록 가꿔주세요. ✚ 아멘!

우상을 파괴한 기드온

사사기 6:25–31

기드온은 하나님의 말씀을 따라 곧 행동에 나섰어요.
그러나 여전히 마음속에 두려움이 있었어요.
기드온은 사람들이 아무도 없는 늦은 밤에 집을 나서
마을 사람들이 기도하는 나무로 만든 신상을 도끼로 찍었어요.
다음 날 기드온이 신상을 파괴했다는 것을 알게 된 사람들은
매우 분노했어요.
기드온의 아버지는 아들을 보호하기 위해
신상은 진짜 신이 아니라고 말했어요.
"만약에 신상이 진짜 하나님이라면
도끼로 찍었어도 스스로 다시
일어서지 않았겠습니까?"

사랑하는 주 하나님, 부족해도 제가 할 수 있는 최선을 다해 주님을 섬기게 해주세요.
나머지 모든 일은 주님이 책임져주실 것을 믿게 해주세요. ✚ 아멘!

하나님의 응답을 구하는 기드온

사사기 6:36-40

기드온은 여전히 자신이 하나님의 선택을 받았는지 확신할 수 없었어요.
기드온은 양털 가죽을 바닥에 펼쳐놓고 기도했어요.
"하나님이 정말로 저를 선택하셨다면
이 양털이 새벽이슬에도 젖지 않게 해주십시오."
기도를 드린 다음날 모든 땅이 이슬에 젖어있었지만
양털 가죽은 완전히 말라 있었어요.
그러나 기드온은 다시 한번 확실한 하나님의 신호를 원했어요.
기드온은 한 번 더 양털 가죽을 풀밭에 놓고 하루를 보냈어요.
다음 날도 양털은 완벽히 말라 있었어요.
기드온은 더 이상 의심할 수 없었어요.
하나님은 농부인 기드온이 이스라엘을 이끄는 사사이자
전사가 되기를 원하셨어요.

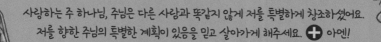

사랑하는 주 하나님, 주님은 다른 사람과 똑같지 않게 저를 특별하게 창조하셨어요.
저를 향한 주님의 특별한 계획이 있음을 믿고 살아가게 해주세요. ✚ 아멘!

하나님의 전사

사사기 7:1-25; 8:22-23

이제 기드온은 하나님을 위해 싸울 준비가 됐어요.
하나님은 기드온에게 "너무 서두르지 말아라"라고 말씀하셨어요.
그리고 하나님이 세상의 주권자라는 사실을 알리기 위해
단 300명을 제외한 대부분의 병사들을
집으로 돌려보내라고 말씀하셨어요.
적군은 비교할 수없이 많았지만 기드온은 하나님을 믿고 싸웠어요.
하나님의 도우심으로 기드온과 300명의 용사는 승리했어요.
사람들은 기드온에게 왕이 되어달라고 간청했지만
기드온은 거절했어요.
"우리를 다스릴 분은 오직 하나님 한 분이십니다."

사랑하는 주 하나님, 사람들의 칭찬을 듣고 우쭐하지 않게 제 마음에 겸손함을 주세요.
모든 것을 주신 분인 주님께 영광을 돌리고 주님만을 찬양하게 해주세요. ✚ 아멘!

힘이 센 삼손

사사기 13:1-24

하나님의 천사가 한 여인에게 나타나 곧 아들을 낳을 것이라고 말했어요.
천사의 말대로 아들이 태어났고 여인은 '삼손'이라고 이름을 지었어요.
여인은 천사가 알려준 지침을 따라 아이를 소중히 키웠어요.
여인은 삼손에게 깨끗하고 좋은 음식만 먹였고,
무엇보다도 머리를 한 번도 자르지 않았어요.
삼손은 자랄수록 크고 강하고 용감해졌어요.

사랑하는 주 하나님, 기쁜 소식을 전하러 온 주님이 보내주신 천사가
저에게도 찾아오게 해주세요. ✚ 아멘!

맨손으로 사자를 잡은 삼손

사사기 14:5-7

삼손이 한적한 들판을 걷던 중이었어요.
갑자기 사자가 나타나 포효하며 길을 가로막았어요.
삼손은 사자와 싸울 어떤 무기도 갖고 있지 않았지만
두려워하지 않았어요.
하나님이 삼손에게 힘을 주시기 때문이었어요.
삼손은 맨손으로 사자를 때려잡고 유유히 집으로 돌아갔어요.
그러나 맨손으로 사자를 때려잡은 놀라운 일을
누구에게도 자랑하지 않았어요.

사랑하는 주 하나님, 만물의 창조주이신 주님은 사람들에게 힘과 용기를 주실 수 있는 분이세요.
필요한 때에 저에게도 힘과 용기를 불어넣어 주세요. ✚ 아멘!

들릴라의 계략

사사기 16:4-20

삼손은 하나님이 주신 힘으로 적들을 물리쳤어요.
삼손이 나타나는 곳마다 사람들은 겁을 먹고 도망쳤어요.
삼손을 쓰러트리고 싶었던 적들은
삼손의 여자친구인 들릴라에게 접근했어요.
삼손을 붙잡기 위해서는 그의 힘의 근원이
무엇인지를 알아야 했기 때문이에요.
들릴라는 울면서 삼손에게 애원했어요.
"당신이 저를 정말로 사랑한다면
당신의 힘이 어디에서 나오는지 알려주세요."
들릴라의 계속된 애원에 삼손은 결국 힘의 비밀을 말하고 말았어요.
"난 단 한 번도 머리카락을 자른 적이 없소."
그날 밤 삼손이 들릴라의 집에서 자고 일어나 보니
머리카락이 잘려 있었어요.
이제 삼손은 힘을 잃고 평범한 사람이 되었어요.

사랑하는 주 하나님, 주님이 주신 재능과 은사와 큰 복을
다른 사람에게 자랑하지 않게 해주세요.
다른 사람을 높이고 겸손한 마음을 잃지 않는 제가 되게 해주세요. ✚ 아멘!

삼손의 최후

사사기 16:21-30

삼손은 완전한 함정에 빠졌어요.
하나님이 주신 힘의 근원인 머리카락을 잃은 삼손은 감옥에 갇혔어요.
하나님이 주신 힘이 다시 돌아오지 않는다면 감옥에서 탈출할 수 없었어요.
삼손의 적들은 삼손을 붙잡은 뒤 하나님을 부정하는 큰 축제를 열었어요.
"우리를 두렵게 했던 삼손을 이제는 맘껏 비웃읍시다."
적들은 경비병에게 삼손을 감옥에서 끌고 오라고 했어요.
그러나 삼손의 머리가 조금씩 자라고 있다는 사실을 잊고 있었어요.
적들 앞에 끌려 나와 조롱당하던 삼손은 하나님께 기도했어요.
"하나님, 저에게 단 한 번만 예전과 같은 힘을 주십시오."
하나님은 삼손의 기도에 응답하셨어요.
삼손은 하나님을 조롱하는 축제가 벌어지고 있던 사원의 기둥을
엄청난 힘으로 무너트렸고 사원은 한순간에 무너져 먼지가 됐어요.

사랑하는 주 하나님, 제가 찾을 때마다 주님은 언제나 응답하세요.
어떤 일이든 주님께 먼저 묻고 기도하는 제가 되게 해주세요. ✚ 아멘!

선한 사람, 룻

롯기 1:1-2:18

룻은 이스라엘인이 아니었지만
이스라엘 사람인 남편과 결혼해 살고 있었어요.
이스라엘은 하나님이 선택하신 민족이었어요.
이스라엘인 남편이 세상을 떠나자 룻의 시어머니인 나오미는
룻에게 고향으로 돌아가 새로운 삶을 시작하라고 말했어요.
그러나 룻은 시어머니인 나오미를 떠나지 않고 함께 살기를 원했어요.
나오미와 함께 이스라엘로 돌아간 룻은 매우 열심히 일했어요.
룻은 식량을 구하려고 밭에 나가 추수하고 떨어진 이삭을 주웠어요.
룻의 선한 행실에 대해 익히 들어 알고 있던 밭의 주인은
룻을 위해 추수하고 떨어진 이삭을 줍지 말고
그대로 두라고 말했어요.

사랑하는 주 하나님, 주님은 불가능한 일을 가능하게 만드시는 능력의
주님이세요. 주님의 놀라운 계획을 믿고 의지하게 해주세요. ✚ 아멘!

룻의 새로운 출발

사사기 3:1-11, 4:9-17

룻은 시어머니인 나오미를 매우 극진히 보살폈어요.
나오미는 룻을 돌봐 줄 좋은 사람이 나타나기를 소망했어요.
나오미가 룻에게 말했어요.
"우리가 이삭을 줍는 밭의 주인이 너를 좋아한다던데…
만나보지 않겠니?"
나오미의 말을 듣고 룻은 밭의 주인인 보아스를 찾아갔어요.
서로에게 호감이 있던 두 사람은 곧 결혼식을 올렸어요.
하나님은 룻과 룻의 가족들에게 큰 복을 주셨어요.
룻이 하나님을 사랑하는 만큼
다른 사람들도 사랑하고 섬겼기 때문이에요.

사랑하는 주 하나님, 룻이 주님을 믿고 신뢰했을 때 주님은 놀라운 복을 주셨어요. 저도 룻과 같이 주님을 믿고 신뢰하게 도와주세요. 아멘!

한나의 간절한 기도

사무엘상 1:6-28

자녀를 낳지 못해 매우 큰 근심에 빠진 한나라는 여인이 있었어요.
한나는 식사도 하지 않고 성전에 나가 매일 하나님께
눈물을 흘리며 기도했어요.
"하나님, 만약 저에게 자녀를 허락하신다면
하나님이 허락하신 선물로 여기고
자녀의 삶을 하나님께 바치겠습니다."
하나님은 한나의 간절한 기도를 들으셨어요.
한나는 곧 임신했고 사무엘을 낳았어요.
하나님께 했던 약속을 잊지 않은 한나는
사무엘이 어느 정도 자라자 성전으로 데려가 맡겼어요.
"제 아들을 하나님의 집에서 일하며
살 수 있게 맡아주세요."

사랑하는 주 하나님, 주님은 항상 제 기도를 듣고 계세요.
주님이 제 기도에 분명히 응답하실 것이라는 믿음을 갖게 도와주세요. ✚ 아멘!

한나의 찬양

사무엘상 2:1-10

한나는 자신의 기도를 들어주신 하나님께
기도하며 찬양을 올렸어요.
"하나님이 나를 강하게 하셨으니
나를 쓰러트릴 자가 누가 있겠습니까?
굶주린 사람에게는 먹을 것을 주시고,
자녀가 없는 사람에게는 후손을 주시는 하나님이십니다.
사람을 낮추시는 분도 하나님이시며,
사람을 높이시는 분도 하나님이십니다!"

사랑하는 주 하나님, 우리가 주님을 위해 살아갈 때 주님은 행복을 느끼세요.
저를 만드시고, 이렇게 살아가게 해주심에 정말 큰 감사를 드리며,
주님을 위해 살게 해주세요. ✚ 아멘!

밤중에 사무엘을 부르신 하나님

사무엘상 3:1-10

사무엘은 밤중에 누군가 자신의 이름을 부르는 소리를 들었어요.
사무엘은 서둘러 제사장에게 달려갔어요.
"엘리 제사장님, 저를 부르셨나요?"
"나는 부른 적이 없단다. 어서 자려무나."
하지만 사무엘은 또 누군가 자신의 이름을 부르는 소리를
분명히 들었어요.
사무엘은 다시 제사장에게 달려갔어요.
"엘리 제사장님, 이번엔 저를 부르셨죠?"
하나님이 사무엘을 찾고 계신다는 사실을 깨달은 엘리 제사장은
사무엘에게 또 누군가 이름을 부르면
어떻게 행동해야 하는지를 알려주었어요.
방으로 돌아온 사무엘은 누군가 다시 부르자 곧 대답했어요.
"네, 주님. 당신의 종이 여기 있습니다."

사랑하는 주 하나님, 사무엘처럼 주님의 음성을 듣는 믿음을 주세요.
저에게 하시는 주님의 말씀을 귀 기울여 듣고
실천하는 사람이 되게 해주세요. ✚ 아멘!

선지자 사무엘

사무엘상 3:19-8:22

하나님의 말씀을 실천하며 자란 사무엘을 사람들은 선지자라고 불렀어요.
선지자는 하나님이 하신 말씀을 사람들에게 전하는 사람이에요.
사무엘은 하나님이 하신 말씀을 사람들에게 그대로 전했어요.
나라가 공격당할까 봐 불안했던 이스라엘 백성들은
사무엘을 찾아와 왕을 달라고 요구했어요.
"우리는 하나님만으로 만족할 수 없습니다.
우리를 이끌 강력한 왕을 주십시오."
사무엘은 백성들의 요구를 하나님께 전했고,
하나님은 백성들의 뜻대로 해주겠다고 말씀하셨어요.
"좋다. 사람들이 원하는 대로 왕을 세워주겠다."

사랑하는 주 하나님, 다른 사람의 말을 먼저 듣고, 제가 할 수 있는 일이라면
그들을 도울 수 있도록 따뜻한 손과 마음을 주세요. ✚ 아멘!

잃어버린 나귀

사무엘상 9:2-10:1

사무엘은 잃어버린 나귀를 찾고 있던 사울이라는 청년을 만났어요.
사무엘은 사울이 하나님이 왕으로 선택하신 사람이라는 걸
첫눈에 알아보고 다음과 같이 말했어요.
"나귀는 이미 찾았으니 걱정하지 말고 저와 저녁을 드시러 가시죠."
사무엘은 식탁에서 가장 좋은 자리에 사울을 앉혔어요.
사무엘처럼 존경받는 사람이 왜 좋은 자리를 양보하는지
사울은 이해하지 못했어요.
사무엘은 식사 중에 사울에게 축복기도를 하며
하나님이 사울을 왕으로 세우셨다고 말했어요.
"하나님은 자신의 백성을 이끌 왕을 찾고 계시는데
당신이 바로 하나님이 선택하신 왕입니다."

사랑하는 주 하나님, 사무엘처럼 주님을 위해 살아가는 제가 되길 원해요.
주님의 뜻이 무엇인지 제가 알 수 있게 도와주세요. ✚ 아멘!

이스라엘의 왕

사무엘상 10:17-24

사무엘은 이스라엘 사람들을 불러 모아놓고
하나님이 선택하신 새로운 왕을 소개했어요.
"보십시오. 이 사람이 하나님이 선택하신 당신들의 왕입니다.
하나님이 선택하신 이 사람보다 더 뛰어난 사람이 누가 있겠습니까?"
사울은 군중들 가운데 섞여 있었는데 다른 사람들보다
키가 훨씬 컸기 때문에 누구나 한눈에 알아볼 수 있었어요.
사울을 본 사람들은 큰 소리로 만세를 외쳤어요.
"하나님이 세우신 왕이다! 만세!"

사랑하는 주 하나님, 주님이 인도하시는 곳으로 제가 향하고,
주님의 말씀대로 제가 행하게 해주세요. ✚ 아멘!

149

이스라엘의 젊은 왕, 사울

사무엘상 10:27-11:13

어떤 사람들은 사울의 능력을 의심했어요.
"저 사람에게 정말 우리를 지킬 힘이 있습니까?"
의심하는 사람들이 점점 많아지던 때,
사울이 자신의 능력을 증명할 순간이 찾아왔어요.
이스라엘을 쳐들어온 적군을 사울은 하루 만에 완전히 물리쳤어요.
이 모습을 본 이스라엘 사람들이 크게 외쳤어요.
"사울이 우리의 왕이 될 수 없다고 말한 사람들이 누구입니까?
우리가 그 사람들을 쫓아내겠습니다."
그러나 사울은 고개를 가로저었어요.
"하나님이 우리를 구원하신 이렇게 기쁜 날 그런 일을 할 순 없습니다.
그 사람들을 해치지 마십시오."

사랑하는 주 하나님, 주님이 세우신 리더에게는 순종해야 한다고 생각해요.
주님이 세우신 사람의 말을 듣지 않는 건 자칫
주님을 거역하는 일이 될 수 있다는 사실을 잊지 않게 해주세요. ✚ 아멘!

죄를 지은 사울 왕

사무엘상 13:5-14

블레셋의 강력한 군대가 많은 기마병과 전차를 끌고
이스라엘을 쳐들어왔어요.
이 소식을 들은 이스라엘 군사들은 매우 두려워했어요.
무엇보다 병사들을 두렵게 했던 것은
군대를 축복해 줄 사무엘이 아직 오지 않았다는 사실이었어요.
초조했던 사울 왕은 사무엘을 기다리지 않고 자기가 제사장을 대신해
하나님께 제사 지내는 큰 죄를 저질렀어요.
진영에 도착한 사무엘은 이 모습을 보고 크게 화를 냈어요.
"도대체 무슨 짓을 저지르신 겁니까?
이제 큰 죄를 지은 당신을 대신해
하나님이 새로운 왕을 뽑으실 겁니다."

사랑하는 주 하나님, 저 자신을 너무 사랑하고 자랑스러워하는
교만의 죄에 빠지지 않게 도와주세요.
모든 일에 주님께 먼저 영광을 돌리게 해주세요. ✝ 아멘!

양치기 소년 다윗

사무엘상 16:1-13

선지자 사무엘은 하나님의 명령을 따라 베들레헴에 사는
이새를 만나러 갔어요.
하나님이 사무엘에게 이새의 아들 중 한 사람을
새로운 왕으로 세우겠다고 말씀하셨기 때문이에요.
이새의 아들들을 훑어본 사무엘이 물었어요.
"여기 있는 아들이 전부입니까?"
『지금 양을 치고 있는 다윗이라는 아들이 한 명 더 있는데
형들보다 작고 연약합니다.』
다윗을 보자마자 사무엘은 하나님이 선택하신 사람이라고 외쳤어요.
사무엘은 장차 이스라엘의 왕이 될 다윗을 축복했어요.

사랑하는 주 하나님, 너무 작고 연약한 제가 아무 일도 할 수 없을 것 같이 느껴질 때가 있어요.
그러나 소년 다윗처럼 주님이 선택하신 사람은
어떤 일도 할 수 있다는 사실을 믿게 해주세요. ✚ 아멘!

153

다윗과 하프

사무엘상 16:14-23

사울은 하나님께 점점 더 많은 죄를 지으며 마음의 평안을 잃어갔어요.
점점 불행해져 가는 사울의 모습을 보고 걱정한 신하들은
음악가를 왕궁으로 데려오기로 했어요.
"왕이시여, 감미로운 음악을 들으면 기분이 더 나아질 것입니다."
『좋은 생각이다. 나에게 도움이 될 것 같은 일이라면
뭐든지 실행하도록 해라.』
신하들은 이새의 아들 중 하프를 잘 켜는 아들이 있다는
소문을 들었어요.
바로 다윗이었어요.
다윗의 하프 연주를 듣는 동안 사울은 마음의 평안을 얻었어요.
다윗은 왕궁에 머물며 사울 왕을 위해 하프를 연주했어요.

사랑하는 주 하나님, 제가 맡은 일에 최선을 다할 때
주님이 영광 받으시고 기뻐하심을 믿습니다.
모든 일에 최선을 다하는 제가 되게 해주세요. ✚ 아멘!

거인 골리앗

사무엘상 17:4-27

다윗은 전장에 나가 있는 형들에게 점심을 가져다주라는
아버지의 심부름을 했어요.
다윗이 간 곳은 이스라엘과 블레셋 군이 맞붙고 있는 전쟁터였어요.
우렁찬 전쟁 소리가 들리는 현장에서 다윗은 형들을 재빨리 찾아냈어요.
형들과 이스라엘 병사들은 적의 장수 골리앗을 두려워하고 있었어요.
그러나 다윗은 골리앗이 두렵지 않았어요.
"하나님이 우리와 함께 계시는데 왜 골리앗을 두려워하나요?"

사랑하는 주 하나님, 세상의 어떤 어려운 일도 주님 앞에서는
아무것도 아님을 믿습니다. 어렵고 힘든 일을 만날 때에도
이겨낼 용기를 갖게 해주세요. ✚ 아멘!

사울 왕과 다윗

사무엘상 17:28-37

다윗의 말을 들은 큰 형은 다윗을 꾸짖었지만
다윗은 골리앗을 두려워하는 사람들이 이해되지 않았어요.
다윗은 사울 왕을 찾아가 자신을 전투에 내보내 달라고 요청했어요.
"저를 골리앗과 싸우게 해주세요."
『너 같이 작은 아이가 골리앗의 상대가 된다고 생각하니?』
다윗은 자신 있게 대답했어요.
"저는 비록 몸은 작지만 양을 칠 때 하나님이 주신 힘으로
사자와 곰도 물리쳤어요.
이번에도 하나님이 힘을 주신다면 골리앗도 물리칠 수 있어요."

사랑하는 주 하나님, 사람들이 제가 큰일을 하기에 너무 작고 약하다고
말한다 하더라도 다윗처럼 주님의 도우심을 믿고 최선을 다하게 해주세요. ✝ 아멘!

다윗과 골리앗

사무엘상 17:38-49

사울 왕은 다윗에게 투구와 갑옷, 칼을 준비해 줬어요.
그러나 소년 다윗에게는 너무 크고 무거운 장비들이었어요.
다윗은 대신에 5개의 매끄러운 돌을 챙겨 나갔어요.
5개의 돌과 무릿매라고 불리는 돌팔매를 가지고
다윗은 골리앗 앞에 섰어요.
골리앗은 조그마한 다윗을 내려다보며
흉포하게 으르렁거리다 달려들었어요.
다윗은 가방에서 돌을 꺼내 돌팔매를 빙글빙글 돌리다
골리앗을 향해 던졌어요.
돌은 정확하게 골리앗의 머리에 맞았고 큰 소리를 내며
골리앗이 쓰러졌어요.
소년 다윗이 거인 골리앗을 물리쳤어요!

사랑하는 주 하나님, 제 힘으로 해결할 수 없는 문제를 만날 때에는
주님께 지혜와 힘을 구하려 해요. 제가 문제를 해결할 수 있도록
먼저 기도로 주님께 도움을 요청하게 해주세요. ✚ 아멘!

다윗의 승리

사무엘상 17:51-18:4

양치기 소년 다윗은 쓰러진 골리앗에게 다가가
골리앗의 큰 검을 집어 들었어요.
전장의 모든 병사는 다윗이 골리앗을 끝장내는 장면을 목격했어요.
골리앗만 믿고 있었던 블레셋 군대는 곧 도망치기 시작했어요.
사울 왕은 소년 다윗이 골리앗을 쓰러트렸다는 사실을
믿을 수가 없었어요.
양치기 소년이 적군의 장수인 골리앗을 쓰러트리고
전쟁을 승리로 이끈 것이었어요.
그날 이후 다윗은 왕궁에서 지내며 사울 왕의 아들인 요나단과
가장 친한 친구가 됐어요.

사랑하는 주 하나님, 제가 두려움에 떨고 있을 때 주님께서 힘과 용기를 주세요.
옳은 일을 할 때에 주님이 주시는 힘과 용기가 필요하니 도와주세요. ✚ 아멘!

구원을 주신 하나님

시편 9편, 다윗의 노래

제 온 마음을 다해 하나님을 찬양합니다.
주님으로 인해 저는 기뻐하며 감사를 드립니다.
하나님께 찬양을 드리길 원합니다.
적군은 도망치고, 쓰러지고, 완전히 사라졌습니다.
모든 것의 옳고 그름을 판단하시는 하나님이 적군을 물리치셨습니다.
하나님은 우리가 문제를 만날 때마다 전부 해결하시고 평안을 주십니다.
모든 악은 자기가 판 함정에 자기가 빠질 것입니다.
살아서 역사하시는 하나님을 우리가 절대로 잊지 않겠습니다.
하나님이 얼마나 위대한 분이신지 온 세상에 보여주십시오.

사랑하는 주 하나님, 주님은 모든 악을 물리치시는 분이세요.
악에 맞서 싸울 때 항상 승리하게 하시는 주님을 믿고
의지하며 악을 대적하게 해주세요. ✝ 아멘!

사울 왕의 질투

사무엘상 18:6-9

골리앗을 쓰러트린 다윗을 사람들은 영웅으로 여겼어요.
다윗이 돌아왔을 때 수많은 사람들이 다윗을 보기 위해
거리로 달려 나왔어요.
여인들은 사울 왕과 다윗의 업적을 노래로 만들어 불렀어요.
"사울이 쓰러트린 적은 천 명이지만
다윗이 쓰러트린 적은 만 명이 넘는다네."
이 노래를 들은 사울 왕은 크게 화를 냈어요.
백성들이 왕인 자기보다 다윗을 더 좋아했기 때문이었어요.
왕궁으로 돌아온 사울 왕의 질투와 걱정은 점점 더 심해졌고
이런 사울 왕을 진정시키기 위해 다윗은 더 자주 하프를 연주했어요.

사랑하는 주 하나님, 저를 질투하고 미워하는 사람에게도 친절을 베풀게 도와주세요.
다른 사람을 질투하지 않고 오히려 섬기는 사람으로 제 마음을 가꿔주세요. ✚ 아멘!

다윗에게 창을 던진 사울

사무엘상 18:10-15

다윗은 하프 연주를 통해 사울 왕을 진정시키려고 노력했어요.
그러나 다윗에게 창을 두 번이나 던질 정도로
사울 왕의 분노는 엄청났어요.
다행히 다윗이 굴러서 피했기 때문에 창들은 벽에 꽂혔어요.
사울 왕은 하나님이 이제는 자기가 아닌 다윗과 함께하시며
보호해 주신다는 사실을 깨달았어요.
하나님이 다윗과 함께하신다고 생각하자 사울 왕은 다윗이 두려웠어요.
사울은 다윗을 가까이 두지 않으려고 멀리 떨어진 전쟁터로 보냈어요.
다윗은 사울이 보낸 곳에서도 용감하게 자기 할 일을 완수했어요.

사랑하는 주 하나님, 사울 왕처럼 화를 참지 못해
다른 사람의 마음에 상처를 주지 않게 도와주세요. ✚ 아멘!

선하신 하나님을 믿으라

시편 11편, 다윗의 노래

나는 하나님을 신뢰합니다.
나를 다치게 하는 악인들을 피해 도망 다녀야 할 이유가 없습니다.
모든 것을 다스리시는 하나님이 왕좌에 앉아 계시기 때문입니다.
하나님은 모든 선과 악을 심판하십니다.
하나님은 의로운 일을 하는 사람을 사랑하시고
악한 일을 하는 사람을 미워하십니다.

사랑하는 주 하나님, 주님은 모든 것을 다스리시는 왕이십니다.
악을 싫어하시고 선을 행하시는 주님을 믿고 어떤 상황에서도
용감하게 선을 행하게 도와주세요. ✚ 아멘!

공주 미갈

사무엘상 18:16-19:14

다윗은 가는 곳마다 사람들에게 사랑을 받았어요.
사울 왕의 딸인 미갈도 다윗을 보자마자 사랑에 빠졌어요.
미갈이 다윗을 좋아한다는 이유로 사울 왕은
이전보다 더욱더 다윗을 미워해
결국 다윗을 죽이기로 했어요.
다음 날 사울 왕이 보낸 신하가 찾아오자
사울의 둘째 딸이자 다윗의 아내인 미갈은
수상하게 여겨 신하에게
다윗이 아프니 잠시 기다려 달라고 말한 뒤
다윗을 몰래 탈출시켰어요.
창문으로 빠져나간 다윗은
그 길로 멀리 도망갔어요.

사랑하는 주 하나님, 도움이 필요한 다른 사람을 기꺼이 도울 수 있는
용기 있는 사람이 되게 도와주세요. ✚ 아멘!

하나님을 기다리라

시편 27편, 다윗의 노래

하나님은 나의 빛이십니다.
제가 누구를 두려워하겠습니까?
하나님은 저의 힘이십니다.
제가 누구를 두려워하겠습니까?
나를 해치려고 하는 사람은 곧 나가떨어질 것입니다.
전쟁 중에도 제 마음은 두렵지 않고 평온합니다.
제가 힘들 때마다 하나님은
저를 안전한 곳으로 인도하셨습니다.
이제 저는 두 손을 들고 하나님을 향해
고개를 들고 찬양합니다.
용기를 내겠습니다.
하나님이 나의 마음을 강하게 하실 것입니다.
기다리겠습니다.
이제 곧 응답하실 주 하나님을
기다리겠습니다.

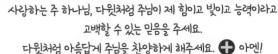

사랑하는 주 하나님, 다윗처럼 주님이 제 힘이고 빛이고 능력이라고
고백할 수 있는 믿음을 주세요.
다윗처럼 아름답게 주님을 찬양하게 해주세요. ✚ 아멘!

다윗을 만난 요나단

사무엘상 20:1-24

다윗이 멀리 떠나려고 한다는 소식을 듣고
왕자 요나단이 찾아왔어요.
"자네의 아버지가 나를 죽이려고 하네. 나는 떠나야만 해."
요나단은 가슴이 아팠지만, 이 말이 사실이라면
다윗을 보낼 수밖에 없었어요.
『내가 왕궁으로 돌아가서 아버지를 만나보겠네.
자네의 말이 사실이라면 화살을 쏘아 신호로 알려주겠네.』
요나단은 가장 친한 친구인 다윗에게 작별 인사를 하고
집으로 돌아갔어요.

사랑하는 주 하나님, 다윗과 요나단처럼 저에게도 좋은 친구들을 주셔서 감사해요.
저를 도와주는 좋은 친구들처럼 저도 친구들을 돕는
좋은 사람이 되게 해주세요. ✚ 아멘!

요나단이 보낸 신호

사무엘상 20:35-42

요나단은 아버지가 정말로 다윗을 죽이려 한다는 사실을 알았어요.
다윗이 숨어있던 장소 근처로 다시 돌아온 요나단은
다윗과 정한 비밀 신호를 주기 위해 활을 들었어요.
요나단은 다윗이 있는 근처로 활을 쏘고
아이를 시켜 주워오게 했어요.
요나단의 신호를 본 다윗은
사울 왕이 정말로 자신을 죽이려 함을 알았어요.
헤어져야만 했던 두 친구는 한참을 부둥켜안고 눈물을 흘렸어요.
다윗은 요나단에게 작별 인사를 하고 이스라엘을 떠났어요.

사랑하는 주 하나님, 친한 친구와 헤어져야 할 때가 있지만
너무 슬퍼하지 않게 제 마음을 위로해 주세요. 곧 다시 만날 것이라는
희망으로 슬픔을 이겨내게 도와주세요. ✚ 아멘!

갈급한 영혼

시편 42편, 다윗의 노래

목마른 사슴이 시냇물을 찾는 것 같이
제 영혼이 간절히 주님을 찾고 있습니다.
제 마음이 너무나 슬프기에 더욱 간절히 주님을 찾습니다.
거대한 파도와 물결이 저를 덮치는 것 같이 제 상황은 위태합니다.
그런데도 저를 구원하신 하나님의 기적을 다시 한번 구합니다.
하나님이 보여주신 기적을 저는 잊지 않고 있습니다.
낮에도 밤에도 주님이 보여주신 사랑을 잊지 않고 있습니다.
슬플 때도 주님은 저의 희망이 됩니다.
제 평생에 주님을 향한 사랑을 잊지 않으며
하나님을 왕으로 모시겠습니다.

사랑하는 주 하나님, 마음이 힘들고 슬플 때도 주님을 바라보며
찬양하게 해주세요. 제 마음을 평온하게 만들어주시는 주님과
항상 동행하게 해주세요. ✚ 아멘!

거룩한 떡과 골리앗의 검

사무엘상 21:1-10

고향, 일 그리고 사랑까지. 다윗은 한순간에 모든 것을 잃었어요.
도망치던 다윗은 놉이라는 외진 마을에 들러
제사장에게 도움을 요청하려다가
마을을 돌아다니는 사울 왕의 부하들을 발견했어요.
'저들이 사울 왕을 데리고 오기 전에 서둘러 도망쳐야겠군.'
다윗은 제사장에게 음식과 무기를 빨리 달라고 부탁했어요.
제사장은 성전에 차려놓았던 거룩한 떡을 주며 말했어요.
『이곳에 무기라고는 당신이 쓰러트린 골리앗이 사용하던 검뿐입니다.』
"그 좋은 검이 여기 있습니까?"
만족한 다윗은 떡을 먹고 골리앗의
검을 챙겨 서둘러 달아났어요.

사랑하는 주 하나님, 주님은 저에게 필요한 것이 무엇인지 알고 계세요.
간절히 구하는 주님의 사랑스러운 자녀에게 좋은 것들을 선물로 베풀어 주세요. ✚ 아멘!

다윗을 쫓아온 사울 왕

사무엘상 22:9-23

사울 왕은 다윗을 목격했다는 부하들의 보고를 받고
서둘러 마을로 찾아갔지만 다윗은 이미 달아난 뒤였어요.
사울 왕은 누구보다도 다윗에게 떡과 검을 준 제사장에게 크게 화를 냈어요.
"왜 다윗에게 떡과 검을 줬나? 왜 그를 도망치게 도왔나?"
제사장은 기죽지 않고 당당하게 말했어요.
『다윗처럼 충직한 사람이 어디 있습니까?
그는 장차 훌륭한 왕이 될 것입니다.』
이 말을 들은 사울 왕은 화를 참지 못하고
부하들을 시켜 제사장을 죽였어요.
동굴에 숨어 있던 다윗은 자신을 도와준 제사장이
죽었다는 소식을 듣고는 크게 슬퍼했어요.
"나 때문에 죄 없는 사람이 목숨을 잃었구나…"
이같이 사울 왕의 폭정에 맞서 싸우려고 많은 사람들이
다윗 왕을 찾아왔어요.

사랑하는 주 하나님, 제가 슬플 때도, 혹은 좋지 않은 소식을 들어
마음이 상해 있을 때에도 저를 위로해 주시고 용기를 주세요. ✚ 아멘!

사울 왕을 무사히 보내준 다윗

사무엘상 24:1-7

사울 왕은 병사들을 데리고 광야에 숨어 있는 다윗을 찾고 있었어요.
하루는 사울 왕이 수색을 하다가 깊은 동굴에 들어와 잠시 쉬고 있었는데
그 동굴에는 다윗과 병사들이 이미 자리를 잡고 있었어요.
다윗과 병사들은 어둠 속에서 숨소리도 내지 않고
조용히 사울 왕을 지켜봤어요.
다윗은 동굴이 비어 있는 줄 알고 편히 쉬고 있던 사울 왕의 등 뒤로
몰래 다가가 망토를 조금 잘라냈어요.
다윗의 병사들이 무방비인 사울 왕을 지금 죽이자고 말했지만
다윗은 거절했어요.
"사울 왕에게 칼을 대지 말아라.
하나님이 세우신 왕을 우리 손으로 해칠 수는 없다."

사랑하는 주 하나님, 주님의 말씀대로 사는 것이 세상 사람들에게는
어리석은 일처럼 보일 때가 있어요. 그러나 항상 주님을 신뢰하길 원합니다.
주님의 말씀에 순종하는 것이 진정으로 옳은 일이라는 사실을 알게 해주세요. ✚ 아멘!

175

사울 왕의 사과

사무엘상 24:8-17

사울 왕이 동굴에서 나와 병사들과 길을 떠나려고 할 때,
다윗이 따라 나와 크게 소리쳤어요.
"나의 왕이여!"
다윗은 동굴 안에서 잘랐던 사울 왕의 망토 조각을 보이며
무릎을 꿇었어요.
"제가 아직도 왕을 해치려고 한다는 말을 믿으십니까?
이 잘린 망토를 보십시오. 제가 마음만 먹었다면 망토가 아니라
왕의 목숨을 해칠 수도 있었습니다."
사울 왕은 다윗이 들고 있는 망토가
자신의 것임을 알고는 크게 놀랐어요.
"나는 너에게 악을 행했는데, 그래도 너는 나에게 선을 행하는구나."

사랑하는 주 하나님, 저를 괴롭히는 친구들에게 같은 방법으로 복수하지 않고
오히려 주님의 사랑을 보여줄 수 있도록 도와주세요. ✚ 아멘!

강하고 담대하라

시편 52편, 다윗의 노래

어리석은 일을 하면서 왜 오히려 자랑합니까?
하나님의 선하심은 세상 끝 날까지 영원합니다.
그러나 당신은 선보다 악을 더 사랑합니다.
진실을 말하지 않고 거짓을 말합니다.
그런 당신을 하나님이 풀처럼 쓸어버릴 것입니다.
당신이 하나님께 불순종하고 있지만,
하나님 곁에 머물기 원하는 나는 하나님이 강하게 하시고
뿌리 깊게 영원까지 지켜주실 것입니다.
영원토록 나는 주님을 신뢰합니다.
저에게 모든 좋은 것을 주셨으니 주님을 찬양합니다.
주님의 선하신 이름을 제가 높여드리기 원합니다.

사랑하는 주 하나님, 제 친구들이 주님을 따르지 않는다고 해도
저는 주님을 따를 수 있도록 도와주세요. ✚ 아멘!

지혜로운 아비가일

사무엘상 25:4-35

한 탐욕스러운 농부가 약속한 식량을 오랫동안 주지 않고 있었어요.
다윗은 농부에게 죄를 묻기 위해 병사들과 함께 농부의 집으로 향했어요.
그런데 저 멀리 농부의 지혜로운 아내 아비가일이
많은 음식을 들고 걸어오는 모습이 보였어요.
"제 무례한 남편을 용서해 주세요.
훗날 왕이 되실 분이 무익한 피를 흘려서는 안 되십니다."
다윗은 아비가일의 지혜를 칭찬했어요.
"정말로 지혜로운 당신을 여기로 보내신 주님을 찬양합니다.
선물은 감사히 받을 테니 걱정하지 말고 평안히 집으로 돌아가십시오."

사랑하는 주 하나님, 다른 사람들을 올바로 격려할 수 있는 지혜를 주세요. ✚ 아멘!

또다시 사울 왕을 살려준 다윗

사무엘상 26:4-21

사울 왕은 아직도 다윗이 어디에 숨어 있는지 찾고 있었어요.
그날 밤 다윗은 광야에 머무는 사울 왕의 막사에 숨어 들었어요.
사울 왕은 머리맡에 창을 세워 놓고 잠을 자고 있었는데
다윗과 함께 숨어 들어간 동료가 이 모습을 보고 말했어요.
『제발, 사울 왕을 죽이도록 허락해 주십시오.
당신이 못하면 제가 하겠습니다.』
다윗은 동료 대신 재빨리 창을 집어 물병에 던졌어요.
막사가 난리가 난 동안 다윗은 근처 언덕에 올라 사울 왕을 향해 외쳤어요.
"한낱 벼룩 같은 저를 왜 아직도 쫓고 계십니까? 위대한 왕이시여."
머리맡의 창이 사라진 걸 본 사울 왕이 다윗에게 대답했어요.
『오늘도 나를 죽일 수 있었지만 그러지 않았구나.
이제 다시는 너를 해치려고 하지 않을 것이다.』

사랑하는 주 하나님, 친구들이 제 마음을 상하게 만들어도
그 대가로 제가 친구에게 나쁜 행동을 하지 않게 도와주세요. ✚ 아멘!

181

블레셋 땅으로 도망친 다윗

사무엘상 27:1-7

다윗은 사울 왕이 약속을 어기고 다시 자기를 죽이러 올까 봐
이스라엘의 적대국인 블레셋의 도움을 받으러 찾아갔어요.
그동안 숱하게 전투를 벌이며 많은 블레셋 사람을 무찌른 다윗이기 때문에
블레셋에서도 안전한 상황은 아니었어요.
그러나 하나님이 다윗을 보호해 주셨기 때문에
다윗은 블레셋에서도 무사했어요.
다윗은 강력한 힘으로 블레셋의 지도자들을 도와주었어요.
그 대가로 블레셋 지도자들은 다윗이 필요로 하는 건 무엇이든지 구해줬고,
블레셋 땅에서 다윗은 안전하게 쉴 수 있었어요.

사랑하는 주 하나님, 적들과 지내던 다윗도 안전하게 보호해 주신 능력의 주님,
저를 어떤 상황에서도 늘 지켜주시겠다고 약속해 주세요. ✚ 아멘!

어려운 중에 도움이 되시는 주님

시편 59편, 다윗의 노래

주님, 저를 해하려고 하는 사람들에게서 구해주십시오.
저들은 제가 넘어질 때를 기다리고 있습니다.
저에 대한 악담을 늘어놓고 있습니다.
그러나 주님은 저들을 웃음거리로 만들고 조롱하십니다.
악을 행하는 저들을, 먹이를 찾아 밤새 헤매다
결국 찾지 못해 울부짖는 개처럼 만들어주십시오.
그러나 저는 아침부터 주님의 놀라운 능력을 찬양하겠습니다.
제가 어려움에 빠질 때마다 주님은 저를 도우시는 분입니다.

사랑하는 주 하나님, 주님은 세상의 어떤 문제도 해결하실 수 있는
권능의 주님이세요. 저를 어려움에서 구해주시는 주님으로 인해
제가 어떤 문제 앞에서도 두려워하지 않게 해주세요. ✚ 아멘!

무당을 찾아간 사울 왕

사무엘상 28:5-25

사울 왕은 하나님이 더 이상 자신을 사랑하시지 않는다는 사실을 알았어요.
그래서 블레셋이 다시 쳐들어온다는 소식을 들었을 때 무당을 찾아갔어요.
선지자 사무엘은 이미 죽어서 조언을 받을 수 없었어요.
사울은 무당을 찾아가서 죽은 사무엘을 만나게 해달라고 부탁했어요.
사울 왕은 사무엘이 승리할 방법을 말해주지 않을까 기대했지만,
오히려 사무엘은 사울 왕이 주님께 돌아가기엔 너무 늦었기 때문에
내일 쳐들어오는 블레셋 군대를 막을 수 없을 것이라고 예언했어요.
사무엘의 말을 들은 사울 왕은 두려워 떨다 바닥에 쓰러졌어요.
무당은 급히 음식을 만들어 사울 왕에게 먹였고
체력을 회복한 사울 왕은 왕궁으로 돌아갔어요.

사랑하는 주 하나님, 제가 주님을 신뢰할 때 주님이 저를 돕는 분이심을 믿어요.
도움이 필요할 땐 언제나 주님을 찾아가게 해주세요. ✚ 아멘!

애통하는 다윗

사무엘하 1:1-27

한 병사가 다윗을 찾아와 사울 왕과 왕자 요나단이
전사했다는 믿을 수 없는 소식을 전했어요.
"여기, 왕이 사용하던 왕관과 팔찌를 가져왔습니다."
왕의 징표인 왕관과 팔찌를 가져왔지만 다윗은 조금도 기쁘지 않았어요.
다윗은 여전히 사울 왕과 요나단을 사랑하고 있었어요.
"나는 사울 왕과 요나단을 너무도 사랑했다.
그들은 독수리보다 빨랐고, 사자보다 강했다.
가장 위대한 왕과 그의 아들을 잃었으니 마음껏 슬퍼하라. 이스라엘아!"

사랑하는 주 하나님, 우리 모두는 죄인이기에 주님의 도움이 필요해요.
주님의 도움이 선한 사람에게도, 악한 사람에게도 이를 수 있게 해주세요. ✚ 아멘!

선하고 진실한 왕, 다윗

사무엘하 3:1-5:5

이스라엘의 왕은 사울 왕의 다른 아들이 물려받았어요.
이스라엘 백성들은 다윗을 이스라엘의 왕으로 만들기 위해
끝까지 맞서 싸웠고, 마침내 승리했어요.
드디어 다윗의 머리에 왕관이 씌워졌어요.
왕이 되기 위해서는 용맹함도 중요하고 선한 성품과 지혜도 중요하지만,
무엇보다 다윗처럼 하나님께 순종하는 사람이어야 했어요.
이스라엘은 드디어 선하고 진실한 사람 다윗을 왕으로 섬기게 됐어요.

사랑하는 주 하나님, 결국 왕이 된 다윗처럼 주님이 말씀하신 약속은
정말로 모든 것이 이루어짐을 믿게 해주세요. ✚ 아멘!

기쁨의 노래

시편 66편, 다윗의 노래

모든 땅이 흔들릴 정도로 기쁨의 함성을 지릅시다.
"하나님이 이루신 일이 어찌나 위대한지요!"
이 고백을 드리길 원하며
모든 나라가 주님을 경배합니다.
모든 나라가 주님을 찬양합니다.
하나님은 바다에도 길을 내시는 분입니다.
우리는 하나님이 내신 길을 걷기만 할 뿐입니다.
힘든 순간이 찾아와도 하나님은 우리가 건널 수 있게 길을 내주십니다.
주님은 우리를 진정한 기쁨으로 들어가는 길로 인도하십니다.

사랑하는 주 하나님, 제가 누리는 모든 복이 전부 주님이 주신 것이에요.
좋은 순간에도, 나쁜 순간에도 저를 인도해 주시는 주님을 찬양하게 해주세요. ✛ 아멘!

다윗의 통치

사무엘하 5:6-25

왕이 된 다윗은 모든 일을 하나님께 먼저 여쭈었어요.
어디를 가야 하는지, 무슨 일을 해야 하는지,
그리고 이스라엘을 어떻게 다스려야 하는지…
모든 명령에 순종하는 다윗으로 인해 하나님은 매우 행복하셨어요.
다윗의 가정은 나날이 번성했고 군대는 강대해졌어요.
백성들은 모든 일을 공정하고 옳게 판단하는 다윗을 신뢰했어요.
이스라엘이 다윗의 때보다 더 강했던 시절은 없었어요.
그리고 다윗보다 더 백성에게 사랑받는 왕도 없었어요.

사랑하는 주 하나님, 주님에 대해서 더 많이 알기를 원해요.
제가 자라갈수록 주님을 더욱 좋아하게 해주세요. ✚ 아멘!

되찾은 언약궤

사무엘하 6:1-22

다윗 왕과 군대가 빼앗긴 언약궤를 다시 찾아오자
도시 전체가 기쁨의 함성으로 물들었어요.
기쁨에 겨워 하나님을 찬양하며 옷이 벗겨지는 것도 모르고
춤을 추는 다윗을 보고 왕비 미갈이 눈살을 찌푸렸어요.
이 모습을 본 다윗이 말했어요.
"나는 지금 나를 왕으로 만들어주신 하나님 앞에서 춤을 추고 있다오.
사람들이 보기에 우스워 보인다 해도 나는 이 기쁨을 참을 수가 없어요."

사랑하는 주 하나님, 주님을 찬양할 때 다른 사람의 눈치를 보지 않게 해주세요.
어디서나 주님을 당당하게 찬양할 수 있도록 저를 도와주세요. ✚ 아멘!

요나단의 아들을 돌보다

사무엘하 9:1-13

요나단의 아들이자, 사울의 손자인 므비보셋은
다윗이 왕이 된 후 매일 두려움에 떨었어요.
할아버지인 사울 왕이 다윗을 몇 번이나 죽이려고 했기에
자신이 보복을 당할지도 모른다고 생각했기 때문이에요.
다리가 불편했던 므비보셋은 멀리 달아날 수도 없었어요.
그러나 다윗은 므비보셋을 형제와도 같았던
요나단의 유일한 자손으로 여겼어요.
다윗 왕은 므비보셋을 찾아와 말했어요.
"사울 왕이 다스리던 모든 땅을 너에게 주겠다.
매일 나와 같은 식탁에서 밥을 먹자."
요나단의 아들 절름발이 므비보셋은 이제
왕의 자녀와 똑같은 신분이 되었어요.

사랑하는 주 하나님, 저의 모든 좋은 것은 주님에게서 왔어요.
제가 가진 것을 다른 친구들과 나눌 때 생색내지 않고
관대한 마음으로 베풀 수 있게 도와주세요. ✚ 아멘!

밧세바

사무엘하 11:1-27

다윗 왕은 부하들을 전쟁터에 내보내고 휴식을 취하고 있었어요.
하루는 다윗 왕이 옥상에서 마을을 둘러보다가
밧세바라는 여인을 보게 됐어요.
밧세바를 본 다윗은 한눈에 사랑에 빠졌죠.
밧세바는 남편이 있는 유부녀였지만
사랑에 눈이 먼 다윗은 신경 쓰지 않았어요.
다윗은 밧세바의 남편을 자신의 권력을 이용해 죽게 했어요.
다윗은 자신의 행동이 잘못됐다는 걸 알았음에도
하나님께 죄를 지었어요.

사랑하는 주 하나님, 한 번의 실수와 죄가 다른 사람에게는 큰 피해로 이어질 수 있어요.
제가 잘못된 결정을 내릴 때는 빨리 다시 주님께로 돌아올 수 있게 도와주세요. ✚ 아멘!

나단이 전해 준 이야기

사무엘하 12:1-13

선지자 나단이 하나님의 명을 따라 다윗을 찾아와 말했어요.
"한 마을에 엄청난 부자가 있었습니다.
부자에게는 많은 양이 있었지만
다른 사람의 새끼 양 한 마리를 탐내 훔쳤습니다."
나단의 말을 들은 다윗 왕은 불같이 화를 냈어요.
그러자 나단이 말을 이었어요.
"왕이시여. 그 나쁜 사람이 바로 당신입니다.
당신은 충직한 부하의 아내를 빼앗고 심지어 그를 죽게 했습니다."
나단은 하나님께서 벌을 내리실 것이라고 말했어요.
잘못을 깨달은 다윗 왕은 매일 무릎을 꿇고 자신의 큰 죄를
하나님께 고백했어요.

사랑하는 주 하나님, 주님이 제 잘못을 깨닫게 해주시는 이유는
저를 너무나 사랑하시기 때문이라는 사실을 알게 해주세요. 죄를 깨닫자마자
주님께 회개하는 제가 되게 해주세요. ✚ 아멘!

다윗의 회개

시편 69편, 다윗의 노래

하나님이시여! 수렁에 빠진 저를 구원해 주십시오.
주님을 볼 수 없을 정도로 저는 많은 눈물을 흘리며 회개하고 있습니다.
하나님은 제 어리석은 행동 하나하나를 전부 알고 계십니다.
그 어떤 일도 하나님 앞에서는 숨길 수가 없습니다.
저의 잘못으로 친구들과 하나님을 믿는 다른 사람들이
수치를 당하지 않도록 도와주세요.
누더기를 입고 진실로 울며 회개하는 저를 바라봐 주세요.
주님, 이 수렁에서 저를 꺼내주십시오.
하나님의 사랑과 선하심을 느끼도록 여기 있는 저를 구원해 주십시오.

사랑하는 주 하나님, 주님은 우리 눈에 보이지 않으시지만 그런데도 제 안에서
진리가 무엇인지 가르쳐주고 계세요. 제 마음에 계시는 주님의 인도를
잘 따라살게 도와주세요. ✚ 아멘!

아들을 잃은 다윗

사무엘하 12:14-25

다윗 왕과 밧세바 사이에서 아들이 태어나자
나단이 찾아와 하나님의 징벌로 아기가 곧 세상을 떠날 것이라고 말했어요.
다윗 왕은 아기를 살려달라고 하나님 앞에 온종일 눈물로 기도를 드렸지만
결국 아기는 죽고 말았어요.
며칠 동안 매일 눈물을 쏟던 다윗 왕은 마침내 울음을 멈추고
하나님과 더 많은 시간을 보내기 위해 노력했어요.
한 신하가 어떻게 한순간에 슬픔을 멈추고
다시 원래대로 돌아올 수 있느냐고 묻자 다윗이 대답했어요.
"하나님이 내 아기를 살려주시길 원해서 내가 그토록 운 것이다.
하나님의 뜻이 무엇인지 알았으니 이제 내게 맡기신 일을 해야 한다."
하나님은 흐뭇한 미소로 다윗을 바라보시며
곧 솔로몬이라는 자녀를 주셨어요.

사랑하는 주 하나님, 저에게도 견디기 힘든 순간들이 찾아오곤 해요.
그럴 때에도 곧 기분이 회복되고 다시 주님을 찬양할 수 있도록
제 마음을 강하게 만들어주세요. ✚ 아멘!

다윗이 꿈꾸던 성전

역대상 22장

언제나 하나님께 기도할 수 있고, 하나님이 주신 언약궤를 보관할 수 있는
성전을 짓고자 하는 꿈이 있던 다윗 왕은 신하들을 시켜 미리 준비했어요.
"하나님을 위한 성전을 짓겠다.
세상의 그 무엇보다 뛰어난 건물이어야 하고,
소문이 날 정도로 거대하고 화려하게 성전을 지어야 한다."
가장 비싼 나무들과 쇠못, 대리석과 비싼 옷감들
그리고 장식을 위한 번쩍이는 금, 은, 보석이 준비됐어요.
그러나 아직은 때가 아니었어요.
하나님은 이스라엘에 완전한 평화가 찾아올 때
성전을 받겠다고 말씀하셨고,
솔로몬의 시대가 오고 나서야 성전을 지을 수 있었어요.

사랑하는 주 하나님, 다윗처럼 주님을 위한 큰 꿈을 갖게 도와주세요.
주님을 위한 꿈으로 다른 사람들도 돕고, 복음을 전할 수 있게 해주세요. ✚ 아멘!

아들에게 쫓겨난 다윗

사무엘하 15장

외모가 뛰어난 왕자 압살롬은 주변 사람들도 잘 챙기는 사람이었어요.
압살롬을 싫어하는 사람은 이스라엘에 단 한 사람도 없었어요.
교만해진 압살롬은 자기가 왕이 되고 싶어했어요.
'나는 왕이 될 수 있는 충분한 능력이 있는데
왜 계속 왕자로만 있어야 하지?'
압살롬이 반역을 꾀한다는 사실을 알게 된 다윗 왕은
태어나서 가장 큰 슬픔을 느꼈지만
사랑하는 아들과 싸울 수는 없었어요.
압살롬의 끔찍한 반역에도 그를 해치고 싶지 않았던 다윗은
맞서 싸우지 않고 피난을 선택했어요.

사랑하는 주 하나님, 선행을 실천하기 힘든 순간이 찾아와도 그 상황에서
실천할 수 있는 가장 좋은 방법이 무엇인지 저에게 알려주세요. ✚ 아멘!

선하신 하나님

사무엘하 22:1-22, 다윗의 노래

하나님은 나의 반석이시며, 내가 거할 요새입니다.
크고 강한 파도가 나를 향해 몰아쳐 두렵게 하지만,
내가 주님의 이름을 부를 때 주님은
나를 들어 안전한 곳으로 옮겨주십니다.
땅이 진동할지라도 주님은 나를 구원해 주십니다.
흔들리는 땅에서 나를 건져 안전한 곳으로 옮겨주십니다.
주님은 사랑과 은혜와 선하심과 인자하심으로
제 기도를 들으시고 응답해 주십니다.

사랑하는 주 하나님, 위험에 처했을 때 주님이 저를 구원해 주시고,
안전한 곳으로 옮겨주실 줄 믿습니다. 어떤 위기가 찾아와도
두려워하지 않게 해주세요. ✚ 아멘!

슬픔의 찬양

시편 86편, 다윗의 기도

하나님, 귀를 기울여 제 기도를 들어주십시오.
가진 것이 없는 저는 하나님의 도움이 필요합니다.
하나님을 신뢰하는 하나님의 종인 저를 구원해 주십시오.
눈물로 온종일 주님께 기도합니다.
저와 맞서는 어리석은 자들이
승리했다고 자랑스러워합니다.
그들은 하나님을 바라보지 않습니다.
그러나 선함으로 가득한 능력의 주님이시여,
제 기도를 들어주시고 능력을 부어주십시오.

사랑하는 주 하나님, 주님은 제 눈에는 보이지 않지만,
제가 가야 할 길과 행해야 할 일을 가르쳐주시는 분이세요.
제 마음속에 주시는 주님의 음성에 귀 기울이게 해주세요. ✚ 아멘!

다윗의 마지막 노래

시편 108편, 다윗의 노래

하나님, 제 마음을 주님께로 정했습니다.
예전이나 지금이나 저는 절대로 변하지 않습니다.
하나님이 저를 왕으로 세우셨기에
저는 노래와 찬양을 멈추지 않습니다.
아침에 눈을 뜰 때마다 구름 같은 주님의 사랑이 저를 덮습니다.
주님처럼 항상 저를 도울 수 있는 사람이 세상에 또 어디 있겠습니까?

사랑하는 주 하나님, 제가 있는 장소와 하고 있는 일에 상관없이
다윗처럼 주님을 찬양하기 원합니다.
매일 아침, 주님을 향한 감사 기도로 하루를 시작하게 해주세요. ✚ 아멘!

새로운 왕, 솔로몬

열왕기상 1:15-34

다윗 왕은 이제 너무 늙고 병들어서 나라를 다스릴 수가 없었어요.
그래서 새로운 왕을 뽑아야 할 순간이었죠.
다윗 왕의 유언을 듣기 위해
아내 밧세바와 선지자 나단이 곁에 있었어요.
"솔로몬을 데려오십시오."
다윗 왕이 선택한 후계자는 솔로몬이었어요.
"솔로몬을 내 나귀에 태우십시오. 나팔을 불고
「하나님이여, 솔로몬 왕을 보호하소서」라고
백성들이 외치게 하십시오.
그러면 백성들이 솔로몬을 새로운 왕으로
인정할 것입니다."

사랑하는 주 하나님, 세상을 살다 보면 때때로 피할 수 없는 슬픈 순간들이 찾아오곤 해요.
그런 일들을 통해서도 주님의 사랑을 느낄 수 있음을 알게 해주세요. ✝ 아멘!

솔로몬을 축복하는 다윗

열왕기상 2:1-10

아직 숨이 멎기 전 다윗 왕은 솔로몬을 불렀어요.

"다른 사람들처럼 나도 이제 세상을 떠날 것 같구나."

마지막 남은 힘으로 다윗 왕은 솔로몬을 축복했어요.

"마음을 강하게 먹거라.

하나님을 따르거라.

백성들을 지혜롭게 다스리거라."

축복을 마친 이스라엘의 위대한 왕 다윗은 눈을 감았어요.

사랑하는 주 하나님, 주님의 말씀대로 부모님을 공경하게 해주시고, 부모님의 말씀에 귀를 기울이게 해주세요. ✝ 아멘!

205

다윗이 마지막으로 남긴 말

사무엘하 23:3-4

다윗이 마지막으로 하나님께 남긴 고백이에요.
"하나님께서 말씀을 주시는 공정한 사람이여,
하나님을 향한 믿음을 끝까지 지키는 사람이여,
그런 사람은 하나님이
아침에 뜨는 해와 같이,
구름 없는 맑은 하늘과 같이,
비 온 뒤 싹을 틔우는 새싹과 같이
만들어주실 것입니다."

사랑하는 주 하나님, 주님은 공정하게 살아가며
주님을 향한 믿음을 잃지 않는 사람에게 복을 주세요.
제가 주님의 말씀대로 살아가며 주님이 주시는 큰 복을 받게 해주세요. 아멘!

솔로몬의 소원

열왕기상 3:3-9

솔로몬은 하나님께 감사할 줄 아는 왕이었어요.
아주 늦은 밤 솔로몬의 꿈을 통해 하나님이 찾아오셨어요.
"네 소원이 무엇인지 말해 보아라."
왕이 된 솔로몬이 가장 바라는 것은 무엇일까요?
"주님, 저는 여전히 작고 어린아이입니다.
제게 지혜를 주십시오.
나라를 옳게 다스리고 공정한 판결을 내리기를 원합니다.
무엇이 옳은 일이고 무엇이 잘못된 일인지 알 수 있는
지혜를 주십시오."

사랑하는 주 하나님, 주님은 지혜를 주실 수 있는 능력의 주님이세요.
솔로몬처럼 저에게도 선과 악이 무엇인지 구별할 수 있는 지혜를 주세요. ✚ 아멘!

하나님의 약속

열왕기상 3:10-15

솔로몬의 소원을 들은 하나님은 매우 기뻐하셨어요.
솔로몬은 부자가 되게 해달라고 구하지 않았고,
유명한 사람이 되게 해달라고 구하지도 않았어요.
솔로몬이 원하는 것은 오직 지혜였어요.
"너에게 세상 누구도 따라올 수 없는 지혜를 주겠다."
하나님의 약속은 여기서 그치지 않았어요.
"네가 나를 기쁘게 하는 대답을 했기 때문에
너에게 부와 명성도 함께 주겠노라."
잠에서 깬 솔로몬은 놀라운 약속을 주신
하나님께 감사와 찬양을 드렸어요.
솔로몬은 서둘러 집으로 돌아가 신하들과 잔치를 벌였어요.

사랑하는 주 하나님, 만족을 모르는 탐욕스러운 사람이 되지 않게 해주세요.
주님이 주신 것만으로도 행복하며 만족하는 제가 되게 해주세요. ✚ 아멘!

어떤 사람이 지혜로운 사람인가?

잠언 1장, 솔로몬의 잠언

지혜로운 사람은 무엇보다 하나님을 믿고 따르는 사람입니다.
다음으로는 아버지의 말을 귀담아듣고,
어머니의 규칙을 따르는 사람입니다.
지혜를 보물처럼 여기고 구하고 찾는 사람에게
하나님은 지혜를 주십니다.
지혜는 빛과 같이 당신을 안전하고 행복한 삶으로 이끌 것입니다.

사랑하는 주 하나님, 저를 솔로몬처럼 지혜롭게 만들어주세요.
주님이 주신 지혜로 옳은 일이 무엇인지 알고 용감히 실천하게 해주세요. ✚ 아멘!

지혜로운 재판관

열왕기상 3-4장

위대한 왕 다윗이 죽고 나자 온 이스라엘이 큰 슬픔에 빠졌어요.
그러나 솔로몬 왕은 아버지 못지않게 강하고 지혜로웠어요.
이스라엘 백성은 하나님이 다윗 못지않게
솔로몬을 사랑하신다는 걸 알게 됐어요.
솔로몬에겐 한 가지 특별한 점이 있었는데
배우는 걸 매우 좋아했고 모든 일을 넓고 깊게 생각했어요.
하나님이 주신 지혜도 있어 어떤 문제든지 공정하게 판결했어요.
솔로몬은 단순한 이스라엘의 왕이 아니라
모든 문제를 공정하게 처리하는 지혜로운 재판관이었어요.
백성들은 진실을 따라 의를 행하는 솔로몬의 판결을 신뢰했어요.

사랑하는 주 하나님, 솔로몬과 같은 지혜를 저에게도 허락해 주세요.
무엇이 진리이고, 어떤 것이 의를 행하는 일인지 항상 궁금해하고
배울 수 있는 제가 되게 해주세요. ✚ 아멘!

이루어진 다윗의 꿈

열왕기상 5:2-5

다윗이 이스라엘의 왕일 때는 전쟁의 시대였지만
아들인 솔로몬이 왕이 된 후에는 평화가 찾아왔어요.
솔로몬은 강대국인 이집트와 인접한 나라들과
친분을 쌓아 평화를 지켰어요.
평화의 시대가 찾아오자 솔로몬은 마침내 성전을 짓기 시작했어요.
"내 아버지 다윗은 평생 성전을 짓고 싶어 하셨지만
이루지 못하셨습니다.
평화의 시대가 찾아온 지금이 바로
하나님의 거룩한 성전을 지을 때입니다."
백성들도 성전을 짓고 싶어 했기에 솔로몬과 이스라엘 백성들은
하나님을 예배하기 위한 성전을 짓기 시작했어요.

사랑하는 주 하나님, 성전 건축이라는 큰일을 주님은 솔로몬에게 맡기셨어요.
저도 주님을 위해 큰일을 맡고 싶어요. 주님을 위해 놀라운 일을 할 수 있는
비전을 가진 사람이 되게 해주세요. ✙ 아멘!

하나님을 위한 집

열왕기상 5장-6:37

최고로 멋진 하나님의 집을 짓기 위해 온 백성이
힘을 합쳐 서로를 도왔어요.
이스라엘 백성들은 한 번도 본 적이 없을 만큼
위대한 하나님의 집을 건설하기를 원했어요.
산만한 바위가 다듬어져 바닥이 됐고
기둥은 지붕까지 버틸 수 있도록 통으로 제작됐어요.
조각가들은 나무로 천사와 화려한 꽃들을 조각했고
금과 은으로 덧칠했어요.
바닥과 제단, 벽까지 전부 금으로 칠해졌어요.
성전의 모든 부분이 반짝거리며 빛이 났어요.

사랑하는 주 하나님, 제 손으로 하는 모든 일들이
주님을 위한 일과 선물이 되게 해주세요. ✚ 아멘!

성전을 완성한 솔로몬

열왕기상 7:51-8장

마침내 하나님의 성전이 완성됐어요.
다윗 왕이 하나님의 성전을 위해 모아둔 보물들을
성전으로 옮기기 위해 제사장들이
조심스럽게 제단으로 올라섰어요.
그 순간 주님의 빛나는 영광이 성전을 가득 채우셨고,
그 자리에 있는 모든 사람들의 마음에 평화와 기쁨이 넘쳐흘렀어요.
솔로몬이 하나님께 말했어요.
"하나님, 이 성전은 주님을 위해 지은 집입니다.
하나님의 집은 천국이지만 하나님을 찬양하기 위해
우리는 이곳을 지었습니다.
이곳에서 저희의 모든 행동을 살펴주세요.
우리의 기도를 들어주시고, 우리가 지은 죄를 용서해 주세요."

사랑하는 주 하나님, 언제나 주님께 기도하고 예배할 수 있게 교회를
세워주심을 감사드려요. 친구들과 함께 주님과 성경에 대해
더 많이 배우게 해주세요. ✚ 아멘!

사냥꾼에게서 벗어나는 노루같이

잠언 6:1-5, 솔로몬의 잠언

내 자녀여, 들으십시오.
세상의 문제와 어려움으로부터 스스로를 지키십시오.
분명한 실수를 저질렀을 때는
그 죄를 숨기려고 도망치거나 숨지 마십시오.
대신 그 문제를 고치기 위해 더 열심히 노력하십시오.
나중에 하겠다고 말하지 말고 지금 당장 시도해야 합니다.
죄를 인정하고 바로잡으려고 노력하는 사람은
사냥꾼의 손에서 벗어나는 노루같이 자유하게 될 것입니다.

사랑하는 주 하나님, 제가 부모님과 친구나 누구에게 잘못을 저질렀을 때는
고집을 부리지 않고 사과하고 실수를 바로잡게 도와주세요. ✚ 아멘!

개미를 보고 배우라

잠언 6:6-11, 솔로몬의 잠언

개미의 일하는 모습을 보고 배우십시오.

개미를 통해 지혜를 배우십시오.

개미에게 열심히 일하라고 명령하는 사람은 아무도 없습니다.

개미는 무더운 여름 내내 먹을 것을 모아 겨울을 준비합니다.

개미는 추수 때가 되는 가을에 더욱 열심히 일합니다.

개미의 부지런함을 보고 배우십시오.

사랑하는 주 하나님, 부지런한 개미도 주님이 창조하셨어요.
부모님이나 선생님이 말하기 전에 개미처럼 스스로 할 일을 할 수 있게 해주세요. ✚ 아멘!

솔로몬을 찾아온 스바의 여왕

열왕기상 10:1-7

위대하고 지혜로운 왕 솔로몬에 대한 소문은
먼 곳까지 퍼져나갔어요.
먼 곳에 있는 스바라는 나라의 여왕은 솔로몬에 대한 소문이
사실인지 궁금해 이스라엘로 직접 찾아왔어요.
스바의 여왕은 수많은 종과 진귀한 선물인
금, 은, 각종 보석, 귀한 향신료… 등을
잔뜩 실은 낙타를 앞세워 보냈어요.
스바의 여왕은 이 진귀한 것들을 솔로몬에게 주고
지혜를 얻길 원했어요.
스바의 여왕은 어려운 문제들로 솔로몬을 시험했고,
오래전부터 마음에 담아왔던 궁금한 것들도 물었어요.
솔로몬은 그 어떤 질문에도 막힘없이 대답했어요.
스바의 여왕은 솔로몬의 지혜에 진심으로 감탄했어요.
"소문이 사실이었군요!
솔로몬 왕은 듣던 것보다 훨씬 더 지혜로운 사람입니다."

사랑하는 주 하나님, 주님은 세상의 모든 다양한 민족과 인종을 창조하셨어요.
저도 주님의 마음으로 사랑을 외모로 차별하지 않고
모든 사람들에게 친절하게 대할 수 있게 도와주세요. ✚ 아멘!

역사상 가장 부유한 왕

열왕기상 10:9-29

솔로몬을 만난 스바의 여왕은
솔로몬의 지혜는 하나님이 주신 것이라는 사실을
인정할 수밖에 없었어요.
하나님은 이스라엘을 얼마나 사랑하시길래
이토록 지혜로운 왕을 허락하셨을까요?
한편 솔로몬의 지혜를 구하러 찾아온 사람은
스바의 여왕만이 아니었어요.
수많은 나라에서 다양한 사람들이 솔로몬에게 조언을 구하러
많은 보물과 신기한 동물들을 가지고 왔어요.
이런 선물 덕분에 지혜의 왕 솔로몬은
세상에서 가장 부유한 왕이 되었어요.

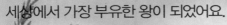

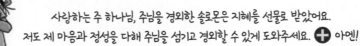

사랑하는 주 하나님, 주님을 경외한 솔로몬은 지혜를 선물로 받았어요.
저도 제 마음과 정성을 다해 주님을 섬기고 경외할 수 있게 도와주세요. ✚ 아멘!

감사하라

잠언 17:1,22, 솔로몬의 잠언

진수성찬이 가득하지만 매일 다투는 가정보다
마른 떡 한 조각을 나눠 먹어도 화목한 가정이 낫습니다.
감사는 영혼과 육체를 건강하게 만듭니다.
기쁨은 비타민처럼 삶에 활력을 줍니다.
슬픔은 마음을 지치고 힘들게 만들기에
거기에 머물러 있지 말고
감사와 기쁨으로 마음을 가꾸어야 합니다.

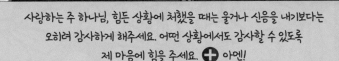

사랑하는 주 하나님, 힘든 상황에 처했을 때는 울거나 신음을 내기보다는
오히려 감사하게 해주세요. 어떤 상황에서도 감사할 수 있도록
제 마음에 힘을 주세요. ✚ 아멘!

너를 아시는 하나님

잠언 20장, 솔로몬의 잠언

세상 모든 것을 하나님이 만드셨고,
세상의 모든 것을 하나님은 아십니다.
선한 일을 행하는 의인이 있습니까?
바르게 살아가고 의를 행하는 우리의 삶을
하나님은 전부 보고 계십니다.
다른 사람에게 죄를 짓지 말고 옳은 일이 무엇인지
늘 주님께 물어보십시오.
하나님의 선한 빛이 우리의 마음을 비추고 있다면
무엇이 선한 일이며, 무엇이 악한 일인지
지혜롭게 구분할 수 있습니다.

사랑하는 주 하나님, 주님은 제가 느끼는 감정과 생각을 전부 알고 계세요.
제 마음과 생각을 순수하고 선하게 만들어 주세요. ✚ 아멘!

왕의 진정한 사랑

아가 1-2장

모든 사람에게 당신을 알리고 싶을 정도로
나는 당신을 사랑합니다.
당신은 나의 가장 특별한 사람이기에
나를 가장 행복하게 만듭니다.
당신의 아름다움은 꽃과 같고
당신의 강함은 수사슴과 같습니다.
당신과 나, 우리는 함께 있습니다.

사랑하는 주 하나님, 저를 사랑하는 소중한 사람들을 주셔서 감사해요.
이들의 사랑을 통해 주님의 놀라운 사랑을 조금이라도 깨닫게 해주세요. ✝ 아멘!

사랑에 빠진 솔로몬

아가 3장

어느 날 밤, 잠에서 깨니 당신의 모습이 보이지 않았습니다.
놀란 나는 밖으로 나가 당신이 어디로 갔는지 찾았습니다.
당신이 너무나 그리워 어디로 갔느냐고 외치며 돌아다녔고
마침내 당신을 발견했습니다.
당신을 보자마자 달려가 강하게 끌어안았습니다.
우리가 평온한 집에 돌아가기 전까지
나는 당신과 떨어지지 않겠습니다.

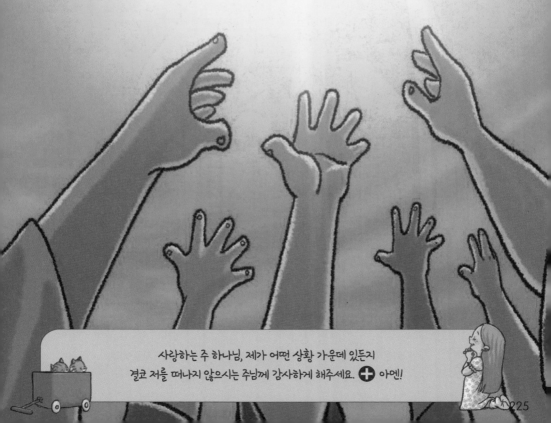

사랑하는 주 하나님, 제가 어떤 상황 가운데 있든지
결코 저를 떠나지 않으시는 주님께 감사하게 해주세요. ✚ 아멘!

현숙한 여인

잠언 31:10-31, 솔로몬의 잠언

현숙한 여인은 영롱한 루비보다 귀한 가치가 있습니다.
현숙한 여인은 지혜롭고 모든 일을 열심히 합니다.
도움이 필요한 사람을 돕고, 가난한 사람에게 먹을 것을 줍니다.
가정에 필요한 모든 것을 공급할 능력도 있습니다.
그러나 무엇보다도 하나님을 사랑하며
하나님이 주신 가정을 사랑합니다.

사랑하는 주 하나님, 현숙한 여인처럼 저도 다른 사람을 섬기게 도와주세요.
주님의 뜻을 따라 사는 지혜를 허락해 주세요. ✚ 아멘!

공평하신 하나님

전도서 12:9-14

세상의 다른 어떤 것보다도
하나님이 유일한 진리라는 사실을 알아야 합니다.
하나님의 계명을 지키며 사는 것이 다른 무엇보다 중요합니다.
우리가 하는 모든 일을 하나님은 분명히 보고 계십니다.
우리가 숨기려 하는 비밀까지도
하나님은 전부 알고 계신다는 사실을 기억하십시오.

사랑하는 주 하나님, 주님만이 유일한 진리이십니다.
주님의 계명을 지키며 살아가게 되기를 원합니다.
정직하고, 신뢰할 수 있는 사람이 되도록 저를 도와주세요. 아멘!

가장 위대한 왕의 몰락

열왕기상 11:1–13

솔로몬 왕은 나날이 더 많은 부를 쌓았고,
시간이 지날수록 더 유명해졌어요.
솔로몬과 같이 지혜롭고 유능한 왕은 세상에 없었어요.
솔로몬은 하나님을 위한 경이로운 성전을 지었지만,
더 이상 예전처럼 하나님을 온 마음을 다해 사랑하진 않았어요.
솔로몬은 다른 신들도 하나님과 같이 섬겼고,
하나님의 계명을 어겼어요.
하나님은 다시 이스라엘을 전쟁에 휘말리게 하셨어요.
그러나 솔로몬을 향한 약속을 거두시진 않았기 때문에
솔로몬이 살아있는 동안 이스라엘은 멸망하지 않았어요.
솔로몬은 지금까지도 가장 지혜로운 왕으로
세상에 기억되고 있어요.

사랑하는 주 하나님, 제 마음이 주님에게서 멀어지지 않도록 지켜주세요.
항상 주님을 사랑할 수 있도록 저를 도와주세요. ✚ 아멘!

모든 것의 때

전도서 3:1-14

세상의 모든 것엔 하나님이 정하신 때가 있습니다.
씨앗을 심을 때가 있고, 수확할 때가 있습니다.
인생에도 웃을 때가 있고, 눈물을 흘릴 때가 있습니다.
승리할 때가 있고, 패배를 경험할 때도 있습니다.
세상에도 전쟁의 때가 있으며 평화의 때가 있습니다.
세상의 모든 때는 하나님이 정하신 완벽한 시간에
일어나는 것입니다.

사랑하는 주 하나님, 주님이 세상의 모든 것을 관리하고 계시니
제 마음에 걱정할 일이 없습니다. 너무 늦거나, 너무 이른 것이 아닌지
걱정하지 않고 순종하며 나아가게 해주세요. ✚ 아멘!

어리석은 솔로몬의 아들

열왕기상 11:41-12:20

솔로몬의 뒤를 이어 아들 르호보암이 왕이 됐어요.
르호보암은 지혜로운 사람들을 불러 조언을 구했어요.
"백성들이 내 아버지 때에 일이 너무 힘들었다고 말합니다.
내가 왕이 된 후에도 힘들게 일을 해야 하냐고 묻는데
어떻게 해야 합니까?"
지혜로운 사람들이 왕에게 대답했어요.
"그들의 일을 줄여주시고 친절하게 대해주시면
백성들이 왕을 도울 것입니다."
르호보암은 친구들에게도 조언을 구했으나
그들은 정반대의 조언을 했어요.
"왕의 위엄을 보여줘야 합니다.
아버지 때보다 더 힘든 일을 시킬 것이라고 강하게 말씀하십시오."
왕은 지혜로운 사람이 아닌 친구의 조언을 따랐어요.
백성들은 새로운 왕은 솔로몬처럼 지혜롭지 않고,
오히려 어리석다고 생각했어요.

사랑하는 주 하나님, 저보다 훨씬 지혜로운 부모님과 할머니, 할아버지의 조언을
제가 무시하지 않게 해주세요.
오래 살아온 분들에게 주님이 주신 지혜가 있음을 인정하게 해주세요. ✚ 아멘!

선지자 엘리야

열왕기상 16:29-17:3

엘리야는 하나님의 사랑을 받는 선지자였고,
엘리야 역시 하나님을 사랑했어요.
엘리야는 사람들이 어떤 일을 할 때
하나님이 행복해하시는지를 알았고,
어떤 죄를 지을 때 하나님이 분노하시는지도 알았어요.
이런 엘리야가 이스라엘의 아합 왕을 찾아가
하나님의 메시지를 전달했어요.
"앞으로 이스라엘에는 비가 내리지 않을 것입니다."
아합 왕은 다른 신들에게만 열심히 기도해
하나님을 매우 분노하게 만들었어요.
하나님의 메시지를 전한 엘리야는
아합 왕이 자신을 해칠까 두려워
광야에서 숨어 지냈어요.

사랑하는 주 하나님, 주님은 강하고 전능하세요.
다른 신이 아닌 오직 주님만 섬기며, 주님께만 기도하게 해주세요. ✛ 아멘!

선지자가 전할 말

이사야 61:1-3, 선지자 이사야의 말

하나님의 영이 내게 임하셨으니
하나님이 명하신 대로 선량하고 약한 사람들에게
하나님의 말을 전하러 갑니다.
주님은 저에게 상한 마음을 고치시고,
감옥에 갇힌 사람을 자유롭게 하신다는
복음의 소식을 전하라고 말씀하셨습니다.
하나님의 분노가 임하는 날이 곧 올 것이며
슬퍼하는 사람을 하나님이 위로할 것입니다.
슬픔에 빠진 사람이 끼얹은 재를 하나님이 기쁨의 화관으로 바꾸시며
슬픔을 대신해 찬송의 마음을 주실 것입니다.
슬픈 사람의 마음에 하나님이 기쁨을 주실 것입니다.

사랑하는 주 하나님, 주님은 선지자를 통해 주님의 뜻을 전달하세요.
제가 깨달은 주님의 진리를 선지자들처럼 당당히
주변 사람들에게 전할 용기를 주세요. ✚ 아멘!

엘리야를 위로하신 하나님

열왕기상 17:2-6

엘리야는 아합 왕을 피해 물가에 숨어있었어요.
하나님은 엘리야를 안전하게 지켜주셨고,
엘리야는 물을 마시며 버텼어요.
먹을 것이 없어 쉬고 있는 엘리야를 향해
갑자기 검은 까마귀들이 날아왔어요.
까마귀들은 큼지막한 떡과 고기를 물고 와
엘리야 앞에 떨어트렸어요.
엘리야의 주린 배를 채우기 위해 하나님이
까마귀들을 통해 음식을 보내신 것이었어요.
까마귀들은 매일 아침과 저녁,
떡과 고기를 엘리야에게 물고 왔어요.

사랑하는 주 하나님, 엘리야에게 까마귀를 보내 먹을 것을 주신
주님이 저의 모든 필요도 아시고 채우심을 믿게 해주세요. ✚ 아멘!

가난한 여인을 만난 엘리야

열왕기상 17:7–13

계속된 가뭄으로 엘리야가 머무는 물가는 완전히 말라버렸어요.
하나님은 엘리야에게 근처에 있는 마을로 가라고 말씀하셨어요.
그곳에서 엘리야는 땔감을 줍고 있는 가난한 여인을 만났어요.
엘리야는 그녀에게 물과 음식을 좀 달라고 부탁했어요.
가난한 여인은 빵과 물은커녕 약간의 밀과 기름밖에 없어
대접할 수 없다고 대답했어요.
이때 엘리야는 여인에게 믿을 수 없는 제안을 했어요.
"걱정 말고 날 위해 남은 밀로 빵을 만들어주십시오.
그러면 하나님이 당신의 집에
기름과 밀이 떨어지지 않게 하실 것입니다."

사랑하는 주 하나님, 주님이 저에게 가라고 말씀하시는 곳이 어디라도
제가 놓치지 않게 해주세요. 주님께서 주시는 말씀대로
순종하는 제가 되게 해주세요. ✚ 아멘!

가난한 여인의 마지막 식사

열왕기상 17:14-16

가난한 여인은 엘리야의 말을 믿을 수 없었지만
집으로 데려가 빵을 대접했어요.
여인은 조금 남은 밀과 기름을 부어 빵을 반죽했어요.
그런데 믿을 수 없는 일이 일어났어요.
밀과 기름이 분명 조금밖에 남지 않았었는데
단지 안에서 계속 쏟아져 나왔어요.
아무리 쏟아내도 단지 안에는 밀과 기름이 가득 차 있었어요.
가난한 여인은 자신이 먹을 마지막 음식을
엘리야를 위해 기꺼이 준비했는데
엘리야가 말한 대로 단지의 밀과 기름이
떨어지지 않는 기적이 일어났어요.

사랑하는 주 하나님, 엘리야처럼 주님의 뜻에 순종하는 제가 되게 해주세요.
주님의 말씀에 순종할 때 경험할 수 있는 기적을 제 삶에도 일으켜 주세요. ✚ 아멘!

가난한 여인의 아들

열왕기상 17:17-24

가난한 여인에게는 아픈 아들이 있었어요.
사연을 들은 엘리야는
침대에 누워 앓고 있는 아들을 위해 하나님께 기도했어요.
"전능하신 하나님, 이 가여운 아이를 도와주소서!"
엘리야의 기도를 들으신 하나님은
가난한 여인의 아들을 고쳐주셨어요.
엘리야의 능력을 본 가난한 여인은 함박 미소를 지었어요.
『당신의 말이 전부 진실임을 이제 알겠습니다.
하나님이 당신과 함께 하시는군요.
당신의 말은 진실이 아닌 것이 하나도 없습니다.』

사랑하는 주 하나님, 주님의 능력은 죽음도 이길 수 있게 하세요.
이처럼 위대한 주님을 믿는 제가 아무것도 두려워하지 않게 도와주세요. ✚ 아멘!

하늘에서 떨어진 불

열왕기상 18:1-39

선지자 엘리야는 아합 왕에게 산에서 만나자고 제안했어요.
아합 왕이 섬기는 신과 하나님 중 누가 더 위대한지
알기 위해서였어요.
아합 왕이 먼저 나섰어요.
왕이 데려온 선지자들은 바알이라는 신을 섬겼어요.
그들은 불을 내려 달라며 제단을 쌓고
바알의 이름을 간절히 부르짖었어요.
그러나 아무리 시간이 흘러도 아무런 일도 일어나지 않았어요.
이제는 엘리야의 차례였어요.
"전능하신 주님, 하나님이 정말 살아계심을 이들에게 보여주소서."
엘리야가 하나님의 이름을 부르짖자
'쾅!'하는 큰 소리가 하늘에서 울려 퍼졌어요.
하늘에서 떨어진 불덩이는 바알의 선지자들이 쌓은
제단을 모두 태워버렸어요.
살아계신 진리의 하나님이 누구신지 의심할 여지가 없었어요.

사랑하는 주 하나님, 주님은 오직 한 분이심을 고백해요.
살아계신 주님을 진심으로 믿고 섬기게 도와주세요. ✚ 아멘!

243

파수꾼 에스겔

에스겔 33:1-9, 선지자 에스겔의 말

하나님은 저에게 사람들의 행동을 감시하는
파수꾼이 되라고 말씀하셨습니다.
죄를 지으면 곧 하나님이 벌을 내릴 것이라고
경고하는 것이 나의 일입니다.
나의 경고를 무시하고 계속 죄를 짓는다면
하나님의 벌을 피할 수 없습니다.
그러나 하나님이 곧 벌을 내릴 것이라고 경고하지 않는다면
그것은 하나님의 명령을 어긴 것으로
파수꾼이 죄를 짓는 것입니다.
하나님은 저에게 말씀하셨습니다.
　　"선지자는 내가 사랑하는 백성들을
　　감시하기 위해 세운 파수꾼이다.
　　너희는 내가 말하는 것을 듣고, 죄를 짓는 사람들에게
　　심판을 경고해 다시 돌아오게 해야 한다."

사랑하는 주 하나님, 주님을 믿어야 구원받으며, 주님이 곧 다시 오신다는
사실을 파수꾼 에스겔처럼 사람들에게 전하는 제가 되게 해주세요. ✚ 아멘!

엘리야를 찾아온 천사

열왕기상 19:1-6

하늘에서 떨어지는 불을 보고도
아합 왕은 마음을 돌리지 않았어요.
곁에 있던 왕비는 별일 아니라며 오히려
엘리야를 잡아 죽이라고 왕에게 권했어요.
엘리야는 하나님의 권능을 증명하고도
왕비의 말이 두려워 달아났어요.
로뎀나무 아래 지쳐쓰러진 엘리야는
이제 선지자의 삶을 포기하고 싶었어요.
그때 누군가 다가와 쓰러져 있는 엘리야를 어루만졌어요.
"일어나 이 떡을 드십시오."
하나님은 천사를 보내 엘리야를 위로하시고
힘을 낼 수 있도록 떡을 준비하셨어요.

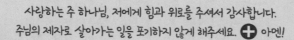

사랑하는 주 하나님, 저에게 힘과 위로를 주셔서 감사합니다.
주님의 제자로 살아가는 일을 포기하지 않게 해주세요. ✝ 아멘!

고요함 중에 임하신 하나님

열왕기상 19:11-13

엘리야는 하나님을 만나러 언덕 위에 올라갔어요.
갑자기 강한 바람이 불어 바위가 굴러떨어질 정도였지만
하나님은 계시지 않았어요.
잠시 뒤 지진처럼 땅이 강하게 흔들렸지만
여전히 하나님은 계시지 않았어요.
그러고 나서 갑자기 불이 일었지만
그 가운데에도 하나님은 계시지 않았어요.
이런 신기한 일이 일어난 뒤 고요한 가운데
조용한 음성이 들렸어요.
그 음성은 분명한 하나님의 음성이었어요.

사랑하는 주 하나님, 주님은 크고 강한 권능의 주님이세요.
그러나 우리 마음에 오실 때는 부드럽고 친절한 가운데 오세요.
조용한 가운데 주님께 기도하며 주님의 음성을 듣게 도와주세요. ✚ 아멘!

농부 엘리사

열왕기상 19:16-21

하나님은 엘리야를 도울 사람으로 농부 엘리사를 준비하셨어요.
엘리사는 엘리야를 보자마자 하나님의 사람이라는 것을 알았고,
자신이 선지자가 되어야 한다는 사실을 깨달았어요.
하나님의 부르심을 기다릴 수 없었던 엘리사는
엘리야와 함께 떠나기를 원했어요.
"선생님, 제가 부모님께 작별 인사를 하고
올 때까지만 기다려주시겠습니까?
인사를 드리고 와서 곧장 당신을 따라가겠습니다."
집으로 돌아간 엘리사는 키우던 소를 잡아
큰 잔치를 열어 사람들을 대접했어요.
그 후 사용하던 농기구도 모두 불에 태우고 마음을 다잡은 엘리사는
농장을 떠나 엘리야를 따랐어요.

사랑하는 주 하나님, 주님이 저를 부르신다면 언제든지
즉각 "아멘!"으로 응답하며 순종하게 해주세요. ✚ 아멘!

포도원을 빼앗은 아합 왕

열왕기상 21:1-15

아합 왕은 세상 그 누구보다 탐욕스러운 사람이었어요.
하루는 아합 왕이 먹지도 않고 하루 종일 누워만 있자
왕비가 물었어요.
"왜 그리 슬퍼하십니까?"
왕은 가지고 싶은 포도원을 찾았는데
그 주인이 팔기를 거절해서 슬퍼하는 중이라고 대답했어요.
이 말을 들은 왕비가 말했어요.
"그런 일로 걱정을 하십니까? 제가 그 포도원을 당신께 드리겠습니다."
왕비는 악한 꾀를 꾸며 포도원의 주인에게
누명을 씌워 죽게 만들었어요.
그 후 강제로 포도원을 차지한 왕비가 왕을 찾아와 말했어요.
"당신이 바라던 포도원을 준비했으니
새로운 포도원을 즐기며 행복을 누리십시오."

사랑하는 주 하나님, 다른 사람이 가진 것, 다른 사람이 이룬 것을
질투하는 것은 매우 나쁜 일이에요. 제게 다른 사람을 질투하지 않고
인정하는 온유한 마음을 주세요. ✛ 아멘!

아합 왕의 회개

열왕기상 21:16-29

아합 왕은 왕비가 포도원을 어떻게 구입했는지는 잘 몰랐어요.
그때 엘리야가 아합 왕 앞에 나타났어요.
하나님은 엘리야를 보내 왕비가 얼마나 악한 일을 저질렀는지
아합 왕에게 알리고 하나님의 심판이 임할 것이라고
경고하게 하셨어요.
진실을 알게 된 아합 왕은
그 자리에서 무릎을 꿇고 눈물로 회개했어요.
아합 왕이 포도원 때문에 지은 모든 죄를 진심으로 회개하자
하나님은 아합 왕의 시대에는 벌을 내리지 않겠다며
용서해 주셨어요.

사랑하는 주 하나님, 아합 왕처럼 다른 사람의 물건을 탐내지 않게 도와주세요.
주님 앞에서 정직한 삶으로 행복을 느끼게 해주세요. ✚ 아멘!

전쟁을 바라는 아합 왕

열왕기상 22:4-17

주변 나라를 침략하고 싶어 하는 아합 왕에게 한 신하가 조언했어요.
"하나님께 먼저 물어보는 것이 좋지 않겠습니까?"
아합 왕은 수백 명의 선지자를 불러
전쟁을 벌여도 될지 조언을 구했어요.
왕의 심기를 거스르고 싶지 않았던 수백 명의 선지자는
하나님이 승리를 주실 것이라고 입을 모았어요.
그러나 단 한 사람, 진정한 하나님의 선지자 미가야는
전쟁을 반대하며 진짜 하나님의 말씀을 전했어요.
"저는 왕이 듣기 좋은 말이 아니라
오로지 하나님의 말씀만 전할 수 있습니다.
하나님은 왕이 전쟁을 일으킨다면
큰 화를 당할 것이라고 말씀하셨습니다."

사랑하는 주 하나님, 다른 사람이 옳다고 하는 일이 아니라
주님이 옳다고 가르쳐주시는 일을 하도록 인도해 주세요. ✚ 아멘!

251

참된 선지자 미가야

열왕기상 22:26-37

전쟁을 벌여서는 안 된다는 미가야의 말은 왕의 심기를 건드렸어요.
감히 일개 선지자가 왕이 하려는 일을 막아설 수 있느냐며
아합 왕은 크게 화를 냈어요.
아합 왕은 선지자 미가야를 감옥에 가두고
하나님의 말씀을 무시한 채 전쟁에 나섰어요.
그러나… 미가야가 경고한 대로 아합 왕은 전쟁에서 졌을 뿐 아니라
전쟁 중에 죽고 말았어요.

사랑하는 주 하나님, 아무리 제가 잘하는 일이 있더라도 교만하거나 자만하지 않게 도와주세요.
제가 하고 싶은 일이 아니라 주님이 원하시는 일을 하기 원해요. ✚ 아멘!

선지자 오바댜의 말

오바댜 1장, 선지자 오바댜의 말

에돔의 백성들은 들어라.

너희들은 내 백성을 괴롭힌 대가를 치러야 할 것이다.

너희는 악한 죄를 저지르고도 스스로를 자랑스러워하고 있다.

너희는 높고 견고한 독수리 둥지 위에서

"우리를 떨어트릴 사람이 어디 있겠느냐?"라고

자랑스럽게 말하고 있다.

너희를 떨어트릴 분은 전능하신 하나님이시다.

너희는 다른 사람을 상처 입혔고, 다른 사람의 물건을 빼앗았다.

너희가 다른 사람에게 행한 악행들이 이제

그대로 너희에게 일어날 것이다.

사랑하는 주 하나님, 주님은 다른 사람을 괴롭히는 사람을 용서하지 않으시고
반드시 벌을 주신다는 것을 알아요. 친구들이 괴롭혀도
똑같이 복수하지 않게 도와주세요. ✚ 아멘!

난간에서 떨어진 왕

열왕기하 1:1-8

아합 왕의 아들인 아하시야는 아버지의 뒤를 이어
이스라엘의 새로운 왕이 됐어요.
하루는 난간에서 떨어져 크게 다친 아하시야가
신하에게 명령했어요.
"내가 만든 바알세붑 신상을 찾아가
내 병이 나을지를 물어보고 오너라."
신하가 신상이 있는 곳에 도착하자, 이미 하나님의 말을 듣고
도착한 엘리야가 서있었어요.
엘리야는 아하시야가 하나님이 아닌 바알세붑을 섬겼기 때문에
곧 죽을 것이라고 말했어요.
이 말을 들은 아하시야는 크게 화를 내며
누가 그런 소리를 했냐고 물었어요.
"가죽옷을 입고 머리를 짐승처럼 기른 남자였는데
하나님이 보낸 선지자라고 했습니다."
아하시야는 신하들이 말한 사람이
하나님의 사람, 선지자 엘리야임을
알았어요.

사랑하는 주 하나님, 병을 낫게 하시고, 사람을 변화시킬 수 있는 분은 오직 주님 한 분이세요.
유일한 구세주이신 주님만을 믿고 따르게 해주세요. ✚ 아멘!

엘리야의 불

열왕기하 1:9-15

화가 난 아하시야 왕은 병사들에게
당장 엘리야를 잡아 오라고 했어요.
자신을 잡으러 오는 병사들을
언덕에서 바라보던 엘리야가 몇 마디 말을 하자
하늘에서 불이 내려와 병사들을 덮쳤어요.
아하시야 왕은 다시 병사들을 보냈으나
이번에도 하늘에서 불이 떨어졌어요.
또 다른 병사들이 엘리야를 찾아왔지만
그들은 앞선 소식을 들었기 때문에
두려워하며 먼발치에서 바라보고만 있었어요.
이 모습을 본 엘리야는 직접 왕을 찾아가
병이 낫지 않고 죽을 것이라는 하나님의 말씀을
그대로 전했어요.
그리고 그 말대로 아하시야 왕은
곧 세상을 떠났어요.

사랑하는 주 하나님, 다른 사람들이 듣기 싫어해도
분명히 진리를 말할 수 있는 용기와 자신감을 주세요.
그리고 주님, 항상 저와 함께해 주세요. ✝ 아멘!

엘리사의 존경과 사랑

열왕기하 2:1-6

엘리사는 온 마음을 다해 존경하는 스승 엘리야를 섬겼어요.
어느 날 엘리야가 엘리사에게 말했어요.
"나는 벧엘에 가야 하니 너는 여기 머물고 있거라."
『선생님만 보낼 수는 없습니다. 저도 함께 가게 해주세요.』
벧엘에 도착한 엘리야가 다시 엘리사에게 말했어요.
"난 잠시 여리고에 가야 하니 너는 여기 있거라."
『그럴 수는 없습니다. 항상 곁에서 선생님을 돕겠습니다.』
"그렇다면 내가 잠시 요단강에 가야 하니 여기서 쉬고 있거라."
『안 됩니다. 저는 결코 잠시라도 선생님 곁을 떠나지 않겠습니다.』

사랑하는 주 하나님, 피곤하고 지치더라도 다른 사람들을 기꺼이 돕는
사랑의 마음이 가득한 조력자로 저를 세워주세요. ✚ 아멘!

하늘로 올라간 엘리야

열왕기하 2:1-11

엘리야가 좋은 일을 겪을 때도, 나쁜 일을 겪을 때도
엘리사는 결코 스승의 곁을 떠나지 않았어요.
엘리사는 마침내 엘리야가 세상을 떠나야 할 때가
가까웠다는 것을 알게 됐어요.
하루는 두 사람이 길을 걷는데
하늘에서 불의 형상을 한 말과 전차가 내려왔어요.
엘리야는 전차 주변에서 일어난 큰 바람을 타고
전차 위에 올라탔어요.
전차는 곧 하늘로 날아올랐어요.
엘리야는 하나님이 보내신 전차를 타고
천국으로 올라갔어요.

사랑하는 주 하나님, 주님은 엘리야의 후계자로 엘리사를 미리 준비하셨어요.
제가 주님의 일을 할 때도 적합한 후계자를 만나게 도와주세요. ✚ 아멘!

259

선지자 엘리사

열왕기하 2:12-14

엘리야가 하늘로 올라가자 엘리사는 혼자 남았어요.
엘리사는 엘리야가 찢어주고 간 옷의 일부를
왼손에 걸고 다녔어요.
그리고 선지자가 된 엘리사는 선지자를 나타내는
특별한 옷을 목에다 둘렀어요.
엘리사가 강가에서 엘리야의 옷을 휘젓자
물이 둘로 갈라져 맨땅이 드러났어요.
엘리사는 하나님의 기적을 체험하며
마른 땅을 건너갔어요.

사랑하는 주 하나님, 주님이 저에게 큰일을 맡기셔도 두려워하지 않고
담대한 마음으로 훌륭히 완수할 수 있게 도와주세요. ✚ 아멘!

엘리사의 대답

열왕기하 2:15-18

여리고를 찾은 엘리사의 머리 위에 엘리야의 능력이 머물렀어요.
이 모습을 본 여리고의 선지자들은
엘리사를 만나려고 한 걸음에 달려 나와 엘리사에게 절을 하며
위대한 선지자 엘리야를 만나게 해달라고 부탁했어요.
엘리사는 "스승인 엘리야는 하나님이 보내주신 불의 전차를 타고
천국으로 올라갔습니다"라고 말했어요.
여리고의 선지자들은 하늘을 날던 엘리야가
혹시 떨어졌을까 봐 들판을 뒤졌어요.
그러나 어디에서도 엘리야를 찾을 수가 없었어요.
이제는 엘리야의 후계자인 엘리사에게
하나님의 말씀을 전할 권한이 있었어요.

사랑하는 주 하나님, 주님은 때에 맞는 사람들을 자리에 세워주시는 분이세요.
주님이 세워주신 사람들의 권위를 언제나 인정하는 제가 되게 해주세요. ✚ 아멘!

오염된 물

열왕기하 2:19-22

여리고의 사람들은 엘리사를 마을의 물가로 데려갔어요.
"우리 마을의 물이 좋지 않아 마시기도 어렵고
농작물도 잘 자라지 않습니다.
방법이 없을까요?"
엘리사는 하나님이 이 물을 깨끗하게 만들어주실 것이니
항아리에 소금을 담아 가져오라고 말했어요.
엘리사가 물가에 소금을 뿌리자 물이 깨끗해지고
맛도 좋아졌어요.
하나님은 엘리사가 기도한 대로
마을의 물을 깨끗하게
만들어주셨어요.

사랑하는 주 하나님, 주님은 믿음의 사람들에게 항상 놀라운 기적을 보여주세요.
제가 주님의 계획 안에서 살아가게 해주세요. ✚ 아멘!

세 왕을 만난 엘리사

열왕기하 3:10-27

세 나라의 왕이 다급하게 엘리사를 찾아왔어요.
왕들은 지금 전쟁에서 지고 있으니
이길 방법을 알려달라고 부탁했어요.
이 말을 들은 엘리사가 대답했어요.
"하나님이 당신들에게 승리를 주겠다고
말씀하셨으니 돌아가십시오."
왕들이 엘리사의 말을 듣고 돌아가자
정말 전쟁은 이미 승리해 있었어요.
왕들은 하나님이 주신
승리를 기뻐했어요.

사랑하는 주 하나님, 왕처럼 세상에서 높은 사람들도 곤란한 일이 있을 때는 주님을 찾습니다.
저에게도 어려운 문제를 만날 때마다 주님께 나아갈 용기를 주세요. ✚ 아멘!

항아리를 가득 채운 기름

열왕기하 4:1-7

한 선지자의 아내가 빌린 돈을 갚지 못해
자녀를 빼앗길 위기에 처하자
엘리사를 찾아와 도움을 요청했어요.
엘리사는 집 안의 모든 항아리와
그릇을 깨끗이 비워 방안을 채우라고 말했어요.
그런 다음 집안의 모든 문을 닫고
자녀들과 함께 모든 그릇에
기름을 부으라고 말했어요.
기름은 방 안의 모든 항아리를
가득 채울 때까지 단지에
떨어지지 않았어요.
여인은 기름을 팔아서
빌린 돈을 모두 갚았고,
자녀를 빼앗기지 않았어요.

사랑하는 주 하나님, 주님은 위기에 처한 사람을 기적을 통해 구원하세요.
제가 놀라우신 주님의 능력을 찬양하게 해주세요. ✚ 아멘!

엘리사를 대접한 여인

열왕기하 4:8-16

다른 나라에 살고 있는 부유하고 착한 여인이 있었어요.
여인은 엘리사가 하나님의 선택을 받은
진정한 선지자라는 사실을 알고 극진히 섬기길 원했어요.
여인은 엘리사가 집 근방을 지날 때마다 식사를 대접했고,
나중에는 언제든 쉬어갈 수 있도록 작은방을 안식처로 제공했어요.
"제가 어떻게 보답하면 되겠습니까?"라는 엘리사의 말에도
여인은 아무런 보상을 요구하지 않았어요.
어느 날 여인의 하인이 몰래 엘리사를 찾아와
여인이 자녀가 없어 고민이라고 알려주었어요.
엘리사는 곧 여인을 불러 말했어요.
"하나님이 금방 아들을
갖게 해주실 것입니다."

사랑하는 주 하나님, 주님의 일을 하시는 목사님, 선교사님 등 많은 사역자들을 위해 기도하고
섬기는 제가 되고 싶어요. 각자가 맡으신 일을 잘 하도록 제가 돕게 해주세요. ✝ 아멘!

약속대로 태어난 아들

열왕기하 4:16-26

엘리사의 말대로 여인은 곧 아들을 낳았어요.
어느 날 아버지를 찾으러 들판으로 나간 여인의 아들은
"내 머리, 내 머리…"라는 말을 남기고는 쓰러져 죽었어요.
그러나 여인은 하나님이 약속하신 아들이
이대로 세상을 떠날리 없다고 믿었어요.
여인은 어떤 상황에서도 하나님을 믿었고, 믿음을 잃지 않았어요.
여인은 남편에게 아들이 괜찮을 것이라고 말한 뒤
서둘러 엘리사를 만나러 갔어요.
하나님이 기적을 통해 아들을 허락하셨으니
살려주실 것이라고 믿었어요.

사랑하는 주 하나님, 제가 몸이 아주 아플 때도 두려워 않고 주님께 기도하게 해주세요.
주님은 모든 것을 통제하시는 능력의 주님이심을 믿게 해주세요. ✚ 아멘!

아들이 다시 살아나다

열왕기하 4:24-35

여인은 하나님이 아들을 살려주실 것이라고 믿었기에
누구에게도 아들이 죽었다는 말을 하지 않았어요.
여인은 서둘러 나귀를 타고 엘리사를 만나러 떠났어요.
여인의 굳은 얼굴을 본 엘리사는
여인의 아들을 만나기 위해 서둘러 떠났어요.
여인의 집에 도착한 엘리사는 하나님께 기도를 드린 뒤
아이의 손을 잡았어요.
그리고 나서 집안에서 한번 이리저리 다니고
그 아이 위에 올라 엎드리니
놀랍게도 차갑게 식은 아이의 손에
온기가 돌기 시작했어요.
아이는 재채기를 일곱 번 하고 나서
멀쩡하게 눈을 떴어요.

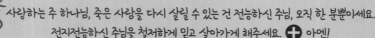

사랑하는 주 하나님, 죽은 사람을 다시 살릴 수 있는 건 전능하신 주님, 오직 한 분뿐이세요.
전지전능하신 주님을 철저하게 믿고 살아가게 해주세요. ✚ 아멘!

하나님의 음성

미가 6:8-9, 선지자 미가의 말

선한 것이 무엇인지 하나님이 당신에게 보여주실 것입니다.
어떤 상황에서도 항상 정직하게 행하십시오.
하나님과 함께 걷고 하나님의 음성을 듣고자 하십시오.
하나님의 음성을 듣고자 기도하는 사람이 정말로
지혜로운 사람입니다.

사랑하는 주 하나님, 옳은 일이 무엇인지 저에게도 알려주세요.
항상 정직하고 친절한 사람이 되도록 제 삶을 인도해 주세요. ✚ 아멘!

내가 너를 강하게 만들 것이다

미가 4:6-13, 선지자 미가의 말

하나님이 말씀하셨습니다.
"그날이 오면, 쫓겨난 모든 사람을 다시 돌아오게 하고
한 곳에 모을 것이다.
내가 그들을 강한 나라로 만들 것이다.
포로로 잡혀간 백성을 내가 구해줄 것이며
그들을 철과 같이 강하게 단련시킬 것이다.
내가 너희를 원수들의 손에서 건져낼 것이다."

사랑하는 주 하나님, 주님은 복음을 믿는 주님의 자녀들을 위해
다시 세상에 오신다고 약속하셨어요.
언제든 주님을 맞을 준비가 되어 있게 저를 도와주세요. ✚ 아멘!

선을 행한 어린 소녀

열왕기하 5:1-5

이웃나라의 노예로 끌려간 어린 소녀가 있었어요.
지혜롭고 진실했던 소녀는
그 나라의 제일가는 장군인 나아만의 종이었어요.
나아만 장군은 나라의 영웅이었지만 심한 피부병을 앓았어요.
이 사실을 알게 된 소녀는 장군의 아내를 찾아가
엘리사에 대해 말했어요.
"제 고향에 사는 선지자 엘리사라면 장군님의 병을 낫게 할 텐데요."
소녀의 신실함을 알고 있던 나아만 장군은
곧 많은 금과 은을 선물로 싣고 엘리사를 만나러 떠났어요.
소녀는 자신을 노예로 삼은 사람들에게도 분을 품지 않고
오히려 선을 행하는 착한 성품을 갖고 있었어요.

사랑하는 주 하나님, 다른 친구들이 일부러 저를 속이고 미워하더라도
저는 그 친구들을 미워하지 않고 오히려 돕는 마음을 가질 수 있도록 힘을 주세요. ✚ 아멘!

지혜로운 하인

열왕기하 5:9-13

엘리사는 집으로 찾아온 나아만 장군을 맞으러 나오지도 않았어요.
엘리사의 안부를 물으러 갔다 온 하인이 나아만에게 말했어요.
"요단강에 들어가 몸을 일곱 번 씻으면 병이 나을 것이라고
엘리사가 말했습니다."
이 말을 들은 나아만은 크게 화를 냈어요.
『강에서 몸을 씻는 건 어디서나 할 수 있는 일 아니냐!』
이 말을 들은 하인은 지혜롭게 주인을 설득했어요.
"맞는 말씀이십니다.
그러나 이 쉬운 일을 왜 시도도 해보지 않으십니까?
강물에 몸을 씻기만 해서 정말 몸이 낫는다면
좋은 일이 아니겠습니까?"

사랑하는 주 하나님, 제가 도움이 필요한 순간을 정확하게 아시고
도우시는 주님을 찬양합니다.
그때마다 주님의 도우심을 깨닫게 해주세요. ✚ 아멘!

피부병이 나은 나아만 장군

열왕기하 5:14–15

지혜로운 하인의 말에 나아만 장군은 마음이 변했어요.
엘리사의 말대로 나아만 장군은 요단강에 들어가
몸을 일곱 번 씻었어요.
한 번, 두 번, 세 번, 네 번….
마지막으로 일곱 번 몸을 담갔다가 나오자
아무도 고치지 못한 나아만 장군의 피부병이
깨끗하게 나았어요.
나아만 장군은 매우 기뻐하며
하나님의 살아계심을 찬양했어요.
"참된 하나님이 여기 이스라엘에 계신다는 것을
제가 이제 알겠습니다."

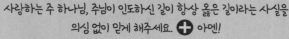

사랑하는 주 하나님, 주님이 인도하신 길이 항상 옳은 길이라는 사실을
의심 없이 믿게 해주세요. ✚ 아멘!

물 위에 뜬 도끼

열왕기하 6:1-6

선지자의 제자들은 새로운 집을 짓기를 원했어요.
엘리사도 집을 짓는 제자들을 도우러 가고 있었어요.
그런데 도끼로 나무를 베던 한 제자가
실수로 강에다 도끼를 빠트렸어요.
그 제자는 엘리사를 보고 황급히 달려와 울면서 말했어요.
"선생님, 빌려온 도끼를 강에 빠트려 잃어버리고 말았습니다."
엘리사가 나뭇가지를 주워 강에다 던지자 잠시 후
가라앉은 도끼가 깃털처럼 가벼워져 물 위로 떠올랐어요.

사랑하는 주 하나님, 주님은 완전히 신뢰할 때 저희에게 기적을 보여주세요.
그러나 기적을 보여주시지 않는다 해도 주님을 믿고 따르게 해주세요. ✚ 아멘!

277

채우시는 하나님

열왕기하 7:1-16

이스라엘에 전쟁이 일어났고, 사람들은 굶주렸어요.
엘리사는 하나님의 도움이 있을 것이니
아무 걱정하지 말라고 전했어요.
엘리사는 하루만 지나면 충분한 식량이 생길 것이라고 말했어요.
하나님은 이스라엘을 포위하고 있던 적의 진지에서
큰 괴성이 나게 하셨어요.
많은 군대가 쳐들어온다고 생각한 적군은
급하게 고향으로 달아났어요.
다음 날, 이스라엘 백성들은 적군이 남기고 간
많은 식량으로 배를 채웠어요.

사랑하는 주 하나님, 제 필요를 아시는 주님은 언제나 때를 따라 풍성히 채워주세요.
언제나 주님을 신뢰하는 제가 되게 해주세요. ✚ 아멘!

반드시 봄이 온다

요엘 2:21-22, 선지자 요엘의 말

두려워하지 말고 감사하며 기뻐하십시오!
선하신 하나님이 위대한 일을 행하실 것입니다.
들에 사는 짐승들도 두려워하지 마십시오.
온 들판에 봄이 와 무성한 싹이 트고,
풍성한 열매를 맺을 것입니다.

사랑하는 주 하나님, 새로운 계절을 주시는 주님, 세상의 모든 것을 돌보아주세요.
계절마다 찾아오시는 주님의 놀라운 일을 통해 제 믿음이 더 커져가게 해주세요. ✚ 아멘!

선택받은 왕, 예후

열왕기하 9:1-13

하루는 엘리사가 젊은 제자를 불러 말했어요.

"이 병에 기름을 담아서 예후라는 사람의 집으로 가거라.

다른 사람이 보지 못하도록 그를 골방으로 데려가

이 기름을 머리에 붓고

『하나님이 당신을 이스라엘의 왕으로 세우셨습니다』라고 말하거라."

엘리사의 제자는 예후를 찾아가 엘리사의 말대로 했어요.

예후의 집에서 엘리사의 제자가 나오는 것을 본 친구들이

예후를 찾아가 물었어요.

『저 사람이 자네를 왜 찾아왔나?』

예후는 하나님이 자신을 왕으로 세우셨다고 친구들에게 말했어요.

이 말을 들은 친구들은 나팔을 불며 환호성을 질렀어요.

『예후가 왕이다!』

사랑하는 주 하나님, 오직 주님만이 사람을 왕으로 세우시고, 다스릴 권세를 주실 수 있어요.
주님의 결정을 항상 순종하게 해주세요. ✚ 아멘!

큰 물고기에게 먹힌 요나

요나 1장

하나님은 선지자 요나에게
지금 심하게 죄를 짓고 있는 도시로 가라고 명하셨어요.
하나님은 그 도시가 잘못을 멈추고
다시 하나님께로 돌아오기를 원하셨어요.
그러나 요나는 하나님의 명령을 무시하고 도망쳤어요.
요나는 하나님을 피해 바다를 건너
저 멀리에 있는 나라로 도망쳤어요.
그러나 요나가 어디에 있는지 알고 계신 하나님은
요나가 탄 배가 바다를 건너지 못하도록
폭풍우를 일으키셨어요.
배에 탄 사람들이 두려워 떨자
요나는 자기를 바다에 던지라고 말했어요.
선원들이 요나를 바다에 던지자 요나의 말대로
폭풍이 멈추고 파도가 잠잠해졌어요.
큰 물고기가 물에 빠진 요나를 삼켰기 때문에
요나는 죽지 않았어요.

사랑하는 주 하나님, 주님은 제가 어디에 있는지,
무슨 마음을 먹는지 항상 알고 계세요. 언제나 어디서나
주님과 동행하고 있음을 잊지 않게 도와주세요. ✚ 아멘!

요나의 두 번째 기회

요나 2-4장

요나는 큰 물고기 뱃속에서 하나님께 간절히 기도했어요.
"하나님의 명령을 무시하고 도망가
숨으려고 한 죄를 회개합니다!"
요나의 기도를 들으신 하나님은 큰 물고기가 요나를
육지에 토해내게 인도하셨어요.
요나는 하나님의 말씀을 전하려고
죄가 많은 도시를 찾아 떠났어요.
요나는 도시 사람들에게 죄를 짓지 말고
하나님을 믿으라고 선포했어요.

도시의 왕과 사람들은 요나의 말을 듣고
하나님께 돌아왔고,
하나님은 벌을 내리지 않으셨어요.

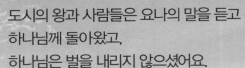

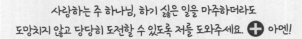

사랑하는 주 하나님, 하기 싫은 일을 마주하더라도
도망치지 않고 당당히 도전할 수 있도록 저를 도와주세요. ✚ 아멘!

메마른 땅

요엘 1-2장, 선지자 요엘의 말

모든 땅이 말라 농부는 농사를 망칠 것이다.
모든 것을 잃고 너희는 크게 슬퍼할 것이다.
그러나 너희가 죄를 회개하고 다시 하나님께 돌아온다면
잃었던 모든 것을 되찾을 것이다.
다시 풍성한 결실을 거둘 것이며 행복을 되찾게 될 것이다.
사랑이 충만한 하나님이 너희를 돌보고 계시기 때문이다.

사랑하는 주 하나님, 항상 주님을 사랑하며 실수를 저질러도
금방 주님께로 돌아오는 제가 되게 해주세요.
주님을 떠나지 않도록 저를 지켜주세요. ✚ 아멘!

마지막 왕

열왕기하 17:1-14

이스라엘에 어두운 구름이 다가오고 있었어요.

이스라엘의 왕 호세아는 하나님의 음성을 귀 기울여 듣지 않았어요.

이스라엘 백성들도 하나님의 명령을 무시했어요.

사람들은 저마다 만든 우상에게 몰래 숨어 기도하곤 했어요.

이 모든 사실을 알고 계셨던 하나님은

심판으로 이스라엘을 침략 받게 하셨어요.

호세아 왕은 감옥에 갇혔고, 이스라엘 백성들은 포로가 됐어요.

선지자들은 이스라엘 백성들에게

하나님께로 돌아오라고 계속해서 외쳤어요.

그러나 백성들은 듣지 않았고, 더는 하나님도 믿지 않았어요.

사랑하는 주 하나님, 지은 죄를 바로 회개하면
즉시 용서해 주시는 자비의 주님이심을 믿어요.
제 삶을 한 걸음 한 걸음 주님이 인도해 주세요. ✝ 아멘!

용서하시는 하나님

미가 7:18-20, 선지자 미가의 말

하나님처럼 선하신 분이 또 누가 있겠습니까?
우리가 지은 죄를 고백하고 회개하면
용서해 주시는 자비로운 분이
하나님 외에 누가 또 있겠습니까?
우리가 잘못된 길을 걷고 있을 때도
떠나지 않고 함께해 주시는 분이
하나님 외에 누가 또 있겠습니까?
하나님은 우리를 향한 분을 오래 품지 않고
곧 친절과 행복을 베푸시는 분입니다.
우리가 잘못을 저질렀을 때도
하나님은 친히 오셔서 우리를 용서해 주십니다.
하나님은 우리의 죄를 깊은 바다에 던져버리십니다.
하나님은 우리에게 모든 좋은 것을 베푸시겠다고
영원한 약속을 세우셨습니다.

하나님은 세상 끝 날까지 자신의 약속을
지키시는 선한 분이십니다.

사랑하는 주 하나님, 제가 실수를 했을 때도 회개한다면
바로 용서해 주시는 자비의 주님이심을 믿어요.
제가 잘못을 저질렀을 때에도 바른 길로 인도해 주세요. ✚ 아멘!

나라를 잃은 이스라엘 백성

열왕기하 17:6; 역대상 9:1

이스라엘 백성들이 하나님의 말씀을 무시하기 시작하자
주변 나라들은 이스라엘을 자주 쳐들어왔어요.
이스라엘 백성들은 하나님의 계명을 지키지 않았고,
하나님의 음성을 듣지 않았어요.
그 결과 이스라엘 백성들은 멀리 떨어진
바벨론이라는 나라에 포로로 끌려갔어요.
이스라엘 백성들은 낯선 나라에서 노예로 힘든 삶을 살았어요.
하나님은 포로가 된 이스라엘 백성들을 포기하지 않으시고
그 먼 곳까지 선지자들을 보내 하나님이 이스라엘을
얼마나 사랑하시는지를 보여주셨어요.
선지자들은 이스라엘 백성들이 지은 죄가 무엇인지
돌아보고 회개하고 다시 하나님을 예배하라고 부르짖었어요.

사랑하는 주 하나님, 우리가 주님의 뜻을 거역할 때 주님은 매우 슬퍼하세요.
제가 잘못된 선택을 할 때마다 주님께서 바로잡아주세요. ✝ 아멘!

하나님이 부르신 선지자 예레미야

예레미야 1:4-8

하나님의 말씀이 어린 소년 예레미야에게 임했어요.
"내가 너를 만들었고, 네가 태어나기 전부터
나는 너를 알고 있었고 축복했었다.
너는 나의 계획을 위해 선택받은 사람이니
나의 말을 온 세상에 전하는 삶을 살아라."
소년 예레미야가 하나님께 대답했어요.
『그러나 하나님, 저는 단지 어린아이일 뿐입니다.
제가 그 일을 할 수 있을까요?』
하나님이 다시 말씀하셨어요.
"내가 너를 선택했으니 『저는 단지 어린아이입니다』라고
말하지 말아라. 당당하게 나의 말을 전해라.
내가 너와 함께 할 것이니
어떤 일도 두려워하지 말라."

사랑하는 주 하나님, 저를 창조해 주셔서 감사해요. 주님은 저를 만드셨을 뿐 아니라
저를 향한 크고 놀라운 계획을 갖고 계심을 믿습니다. ✚ 아멘!

왕에게 선택받은 다니엘

다니엘 1:1-21

이스라엘을 점령한 왕 느부갓네살은
많은 포로들을 자신의 나라로 데려갔어요.
느부갓네살 왕은 포로 중에서 지혜롭고 똑똑한
청년들을 뽑아 왕의 일을 돕게 했어요.
포로 중에 가장 건강하고 지혜로웠던 다니엘과 친구들은,
하나님의 계획대로 왕의 선택을 받았어요.
느부갓네살 왕은 다니엘과 친구들을 왕궁에 불러
가까이 두었어요.

사랑하는 주 하나님, 제 인생을 향한 주님의 계획이 최고의 계획임을 믿어요.
다른 사람이 주님을 따르지 않아도 저는 끝까지 주님을 따르게 해주세요. ✚ 아멘!

느부갓네살 왕의 꿈

다니엘 2:1-16

느부갓네살 왕이 매우 기분 나쁜 꿈을 꿨어요.
왕은 나라의 명석하고 지혜로운 사람들을 모아놓고
꿈을 해석하라고 말했어요.
그러나 꿈의 내용이 너무 어려워
어떤 사람도 입을 열지 못했어요.
답답한 왕은 불같이 화를 냈어요.
"꿈 하나도 해석하지 못하는 너희가 왜 현자라고 불리며,
나의 왕궁에서 머물고 있느냐? 당장 이 자들을 전부 죽여라!"
그 순간 다니엘이 차분하게 왕에게 아뢰었어요.
"왕이시여, 잠시만 기다려주십시오.
제가 왕의 꿈이 무슨 뜻인지 하나님께 기도로 물어보겠습니다."

사랑하는 주 하나님, 다니엘처럼 저도 만나는 사람마다
주님의 평안을 전하는 피스메이커가 되게 해주세요. ✚ 아멘!

다니엘의 해몽

다니엘 2:16-28

다니엘이 만약 왕의 꿈을 해석하지 못한다면
다른 신하들처럼 목숨이 위험한 상황이었어요.
그러나 이런 상황을 미리 알고 계셨던 하나님은
그날 밤 다니엘의 꿈에 나타나
왕의 꿈이 어떤 내용인지를 미리 알려주셨어요.
다니엘은 하나님이 말씀해 주신 그대로
왕에게 꿈의 내용을 전했어요.
다니엘의 정확한 해몽을 들은 왕은 크게 놀랐어요.
"다니엘, 네가 믿는 하나님은 정말로 위대하신 분이시다."
하나님을 찬양한 느부갓네살 왕은
다니엘을 왕궁의 모든 지혜로운 사람 중
가장 높은 사람으로 세웠어요.

사랑하는 주 하나님, 우리가 기도할 때 주님은 지혜를 주시고
주님의 뜻을 이해시켜 주세요.
어려운 일이 있을 때는 항상 주님께 먼저 기도하게 해주세요. ✛ 아멘!

선하신 하나님

다니엘 2:20-23, 선지자 다니엘의 말

하나님의 이름을 찬양하십시오!
하나님은 지혜로우시고, 누구보다 강하신 분입니다.
모든 것을 아시는 주님께 숨길 수 있는 것은
아무것도 없습니다.
주님은 모든 것을 주장하시는 분이십니다.
세상의 왕들에게 권력을 주시는 분은 하나님이시며,
다시 빼앗는 분도 하나님이십니다.
제가 기도로 도움을 구할 때마다
응답해 주시는 주님께 감사를 돌립니다.
왕이 꾼 꿈 내용을 저에게 알려주신 분은
바로 지혜의 주님이십니다.

사랑하는 주 하나님, 주님은 모든 것을 아시는 강하고 지혜로우신 주님이세요.
주님 곁을 절대로 떠나지 않게 제 마음을 지켜주세요. ✚ 아멘!

다니엘의 세 친구

다니엘 2:48-3:12

사드락과 메삭 그리고 아벳느고는 다니엘의 친구였어요.
다니엘이 왕궁에서 가장 지혜로운 사람이 되자
세 친구도 중요한 자리를 맡아 다니엘을 도왔어요.
세 친구는 나라에서 일어나는 여러 가지 문제를
지혜롭게 해결해냈어요.
다니엘과 세 친구는 성공한 뒤에도
하나님을 잊지 않고 경외했어요.

사랑하는 주 하나님, 아무런 문제가 없는 행복한 일상일지라도
주님을 잊지 않게 도와주세요. ✚ 아멘!

금으로 만든 신상

다니엘 3:1-17

느부갓네살 왕은 금으로 거대한 신상을 만들어 세웠어요.
"앞으로 모든 백성들은 이 금 신상 앞을 지날 때마다
절하고 기도해야 한다."
그러나 하나님만을 섬기는 사드락과 메삭 그리고 아벳느고는
왕의 신상 앞을 지날 때도 절을 하지 않았어요.
이 사실을 알게 된 왕은 질투심에 사로잡혀 신상에 절하지 않는다면
세 친구를 용광로에 던져 넣겠다고 협박했어요.
그럼에도 세 친구는 하나님을 향한 믿음을 지켰어요.
"하나님이 우리를 구원하실 테니 마음대로 하십시오.
우리는 결코 신상에 절하지 않겠습니다."

사랑하는 주 하나님, 다니엘의 세 친구처럼 주님이 아닌
다른 것을 믿거나 절하지 않게 굳건한 믿음을 주세요. ✚ 아멘!

불속의 천사

다니엘 3:19-25

왕의 신상에 절하지 않겠다는
세 친구의 대답을 들은 왕은 크게 분노했어요.
왕은 쇠도 녹이는 용광로의 불을 평소보다
더 뜨겁게 하라고 명령했어요.
사드락과 메삭 그리고 아벳느고는
왕의 명령에 따라 용광로로 들어갔어요.
잠시 뒤 왕은 눈앞에서 벌어지는 일을 보면서도
믿을 수가 없었어요.
세 친구는 뜨거운 용광로의 불속에서도
조금도 다치지 않고 멀쩡히 서있었어요.
용광로에 들어간 사람은 세 명이었지만
사람들에게는 네 명으로 보였어요.
하나님이 세 친구를 지켜주시려고
천사를 친히 보내주셨기 때문이었어요.

사랑하는 주 하나님, 주님이 기적을 베풀어주시지 않아도
다니엘의 세 친구처럼 주님을 찬양하기 원해요. 어려운 상황에서도
믿음을 지킬 수 있게 저를 도와주세요. ✛ 아멘!

299

하나님을 인정한 왕

다니엘 3:26-30

사드락과 메삭 그리고 아벳느고는
뜨거운 용광로 안에서 멀쩡히 걸어 나왔어요.
머리카락 하나도 타지 않았고,
몸에 조그만 상처조차 나지 않았어요.
세 친구는 불이 타는 냄새조차 맡지 못했어요.
믿을 수 없는 일이 눈앞에 펼쳐지자 느부갓네살 왕은
하나님을 인정할 수밖에 없었어요.
"세상의 그 어떤 신도 너희가 믿는 하나님처럼
용광로 안에서 지켜줄 수는 없다."
하나님을 인정한 왕은 사드락과 메삭
그리고 아벳느고에게 중요한 직책을 맡겼어요.

사랑하는 주 하나님, 언제나 저를 보호해 주셔서 감사해요.
주님이 언제나 저를 지켜주신다는 사실을 잊지 않게 도와주세요. ✚ 아멘!

벽에 나타난 글씨

다니엘 5:1-29

느부갓네살 왕이 성대한 축제를 벌이고 있을 때 하나님이 찾아오셔서
벽에 알 수 없는 글씨를 쓰더니 사라지셨어요!
이 모습을 본 왕은 글씨를 해석하기 위해 다니엘을 불렀어요.
왕의 예상대로 다니엘은 하나님이 주신 지혜로
글을 해석할 수 있었어요.
왕이 먹고 즐기는 일에만 열중하는 모습에 화가 난 하나님이
곧 벌을 내릴 것이라고 해석했어요.
왕은 매우 슬펐지만 사실을 숨기지 않고
그대로 전달해 준 다니엘에게 감사했어요.

사랑하는 주 하나님, 주님을 떠나지 않고 옳은 일을 행하는 제가 되게 해주세요.
옳은 일을 행할 때 마음이 즐거울 수 있도록 저를 도와주세요. ✚ 아멘!

사자 굴의 다니엘

다니엘 6:7-23

온 나라에 오직 왕에게만 기도하라는 엄명이 내려졌어요.
하나님에게조차 기도하지 말라는 엄명이었어요.
그러나 다니엘은 왕의 엄명에 순종하지 않고
사람들 앞에서도 하나님께 기도를 드렸어요.
느부갓네살 왕은 총명한 다니엘을 매우 사랑했지만
법을 어긴 다니엘을 그냥 둘 수 없어 사자 굴에 던지도록 했어요.
굶주린 사자 앞에서도 여전히 하나님을 신뢰하는 다니엘을 위해
하나님은 사자들의 입을 막아 다니엘을 무사히 지켜주었어요.
굴 안을 살펴보던 왕은 무사한 다니엘을 보고
울면서 하나님을 찬양했어요.
"진정한 왕이신 하나님께만 기도를 드릴지어다!"

사랑하는 주 하나님, 다니엘을 사자들로부터 지켜주신 주님의 능력은
정말 놀라워요. 다니엘처럼 저도 수많은 위험에서 지켜주세요. ✚ 아멘!

강에 나타난 천사

다니엘 10:4-12:10

어느 날 천사가 다니엘을 찾아와
미래에 일어날 일들을 일러주었어요.
천사는 다니엘에게 새로운 왕들이 일어나고,
지금과 다른 많은 나라가 세워진다고 말했어요.
천사의 말에 따르면 많은 땅을 다스리는 왕도 나타날 것이었으며,
곧 무너질 나라를 세우는 왕들도 있었어요.
자기를 하나님과 같이 높이는 교만한 왕도 있었어요.
그리고 천사는 미래를 아는 것보다 중요한 것을
다니엘에게 전했어요.
"어떤 일이 있어도 진리의 하나님을 믿는 사람들은 안전할 것입니다."

사랑하는 주 하나님, 주님의 일을 하는 천사를 창조하신 주님,
주님을 찬양하는 사랑하는 자녀들에게 천사를 보내 소식을 전해주신다는 사실을 믿어요.
저의 마음을 강하고 담대하며 두려워하지 않게 해주세요. ✚ 아멘!

기뻐하며 감사하라

이사야 12:4-6, 선지자 이사야의 말

나는 어떤 상황에서도 하나님을 두려워하지 않고 신뢰합니다.

나를 구원해 줄 유일한 분이 하나님이시기 때문입니다.

하나님은 나의 힘이며, 나의 노래가 되십니다.

하나님을 기쁨으로 영접합니다.

소리쳐 주님의 이름을 외칩니다.

하나님이 하신 놀라운 일을 저에게 알려주십시오.

하나님이 하신 놀라운 일들을 제가 찬양하기 원합니다.

위대하신 하나님이 정말로 살아계심을 온 세상에 전하길 원합니다.

사랑하는 주 하나님, 항상 기쁨으로 주님과 동행하기 원합니다.
저의 노래가 되시는 주님을 찬양으로 기쁘게 해드리게 도와주세요. ✚ 아멘!

예루살렘으로의 귀환

역대하 36:12; 에스라 1:3

이스라엘 백성들은 바벨론에서 포로 생활을 하는 중에도
하나님께 돌아오지 않았어요.
그러던 중 바벨론이 페르시아에게 점령을 당하자
바벨론의 포로였던 이스라엘 백성들은
이제 페르시아의 지배를 받게 됐어요.
그제야 이스라엘 백성들은 하나님께로 마음을 돌리기 시작했어요.
하나님께 마음을 돌린 이스라엘 백성들은
어느 날 놀라운 소식을 들었어요.
매우 부자인 페르시아의 왕이
이스라엘 사람들의 도움을 원한다는 것이었어요.
페르시아 왕은 이스라엘 백성들에게 예루살렘으로 돌아가
하나님을 위한 새 성전을 지으라고 명령했어요.

사랑하는 주 하나님, 우리가 주님의 음성에 귀 기울일 때
주님은 우리를 절대 포기하지 않으시고, 내버려 두지 않으세요.
저를 절대 떠나지 않으시는 주님을 믿고 따르게 해주세요. ✝ 아멘!

새로운 왕비

에스더 1:1–2:17

에스더는 사촌과 함께 페르시아에 사는
이스라엘 사람이었어요.
에스더는 어려서부터 이스라엘 사람이라는 것을
말하지 말라는 교육을 받았어요.
어느 날 왕궁에서 나온 사람이 에스더가 사는 마을을 찾아와
왕이 새로운 왕비를 찾고 있다고 전했어요.
왕비가 되면 좋은 음식과 수많은 시녀를 거느릴 수 있었어요.
에스더를 포함한 전국의 수많은 처녀들이 왕궁으로 모여들었어요.
그러나 왕은 에스더를 보자마자
페르시아의 새로운 왕비로 선택했어요.

사랑하는 주 하나님, 에스더를 제국의 여왕으로 만드실 계획이 있으신 주님이
저를 향한 위대한 계획도 갖고 계심을 믿어요.
주님의 계획이 잘 이루어지게 해주세요. ✚ 아멘!

왕비가 된 에스더

에스더 2:17–18

페르시아 왕은 그 어떤 여자보다도
에스더가 아름답다고 생각했어요.
결정을 내린 왕은 에스더의 머리에 왕비의 관을 씌워주었어요.
에스더와 결혼식을 올린 왕은 성대한 파티를 오랫동안 열었어요.

사랑하는 주 하나님, 주님이 저에게 순종하라고 내리신 명령은
그것이 무엇이든지 온 마음을 다해 따르게 해주세요. ✛ 아멘!

왕비의 비밀

에스더 4:4-8:16

왕비 에스더는 하만이라는 악인이
이스라엘 백성을 전부 죽이려 한다는 소식을 들었어요.
그 말은 에스더와 에스더의 가족까지도 모두 죽게 된다는 말이었어요.
이 계획을 막기 위해 무슨 일이든 해야 한다고 생각한 에스더는
아름답게 꾸미고 왕을 알현하러 갔어요.
에스더의 아름다운 모습에 마음을 빼앗긴 왕이 말했어요.
"원하는 건 무엇이든지 말해보시오."
에스더는 왕에게 자신이 이스라엘 사람이라는 비밀을 고백했어요.
왕은 하만의 악한 계획을 멈추게 하고
이스라엘 백성을 보호했어요.
에스더의 용기 있는 결단이
이스라엘 민족을 구했어요.

사랑하는 주 하나님, 제 인생에서 일어나는 모든 일은 주님의 계획 가운데 있음을 믿어요.
언제나 주님의 계획에 순종하며 살아가게 저의 삶을 이끌어주세요. ✚ 아멘!

310

충직한 신하 느헤미야

느헤미야 1:1-2:9

페르시아 왕에게 술을 따라주는 신하였던 느헤미야는
선하고, 진실한 마음으로 언제나 웃으며
왕을 대하는 좋은 사람이었어요.
어느 날 걱정이 가득한 느헤미야의 얼굴을 본 왕이
"무슨 일이냐?"라고 물었어요.
느헤미야는 고향인 예루살렘이 황폐해지고 있다는 소식을
들었다고 대답했어요.
과연 왕이 자신과 아무 상관도 없는 황폐한 도시를 재건하라고
아끼는 신하를 보내는 기적이 일어날까요?
놀랍게도 그런 일이 일어났어요.
심지어 왕은 고향에 가는 느헤미야를 보호하기 위해
자신의 군대도 함께 보내 지켜주었어요.

사랑하는 주 하나님, 제가 어떤 직업을 갖더라도
느헤미야처럼 제가 할 수 있는 최선을 다하게 해주세요. ➕ 아멘!

하나님께 돌아오라

호세아 6:1-3, 선지자 호세아의 말

이리로 돌아오십시오.

함께 하나님께 돌아갑시다.

우리의 찢긴 상처를 하나님이 치료하실 것입니다.

깨어진 우리의 마음과 영혼을 하나님이 다시 고쳐주실 것입니다.

하나님이 우리를 높여주시고 안전하게 지켜주실 것입니다.

함께 하나님을 향한 믿음을 지킵시다.

아침이 찾아오면 하나님이 분명히 살아계신다는 사실을

모두가 알게 될 것입니다.

겨울과 봄, 때에 맞게 내리는 늦은 비와 이른 비처럼,

하나님은 우리를 찾아오실 것입니다.

사랑하는 주 하나님, 적당한 때에 내리는 알맞은 비와 같이 우리를 성장하게 하시고 살아가게 하시는 주님의 사랑 없이는 한순간도 살 수 없음을 고백해요. 늘 주님의 때를 기다리며 준비하게 해주세요. ✚ 아멘!

귀환

에스라 1-3:11

페르시아 왕은 큰 복을 주신 하나님께 대한 감사의 보답으로
이스라엘 백성을 예루살렘으로 돌려보내
하나님을 위한 성전을 짓게 했어요.
하나님의 백성이 다시 고향으로 돌아갔어요!
왕은 새로운 하나님의 성전을 짓는데 필요한 금과 은,
많은 보석도 가축 위에 실어 함께 보냈어요.
이스라엘에 도착한 백성들은 돌을 쌓고, 나무도 자르며
열심히 성전을 지었어요.
모든 백성은 하나님께 감사하는 마음으로
한마음이 되어 열심히 성전을 지었어요.
"선하신 하나님을 찬양하라!"
이스라엘 백성은 큰 소리로 찬양하며
하나님의 성전을 지었어요.

사랑하는 주 하나님, 선하신 주님을 잊지 않고
모든 일에 영광과 찬양을 돌리는 제가 되게 해주세요. 아멘!

313

재건된 도시

느헤미야 2:11-6:19

느헤미야는 조국 이스라엘이 안전한 집과 같이
안전하게 재건되기를 원했어요.
그러려면 가장 먼저 예루살렘의 무너진 성벽을 다시 세워야 했어요.
남자와 여자를 불문하고, 이스라엘의 모든 백성이
성벽을 쌓는 일에 자원했어요.
성문이 다시 우뚝 세워지기까지는 오랜 시간이 걸리지 않았어요.
주변 나라의 사람들이 찾아와 조롱하고 비웃어도
백성들은 집중해서 일했어요.
곧 완전히 새것과 같은 성벽이 세워졌어요.
전쟁으로 폐허가 된 이전의 모습은 모두 사라져
전쟁이 일어났다는 사실조차 알 수가 없을 정도였어요.
이스라엘 백성은 이런 놀라운 일을 이룬
지도자 느헤미야를 크게 칭찬했어요.

사랑하는 주 하나님, 좋은 지도자는 사람들을 하나로 연합시키고 불가능한 일을 이루게 만들어요.
저도 느헤미야처럼 좋은 지도자로 만들어주세요. ✚ 아멘!

사랑의 창문

말라기 3:1-12, 선지자 말라기의 말

하나님은 모든 것을 알고 계시고, 모든 것을 보고 계십니다.
하나님은 죄를 저지른 사람을 반드시 심판하십니다.
다른 사람을 다치게 하고, 남의 물건을 훔치고,
거짓말하는 사람을 그냥 두지 않으실 것입니다.
하나님은 지금도 자기 백성들에게 말씀하고 계십니다.
"나에게로 돌아와라!"
하나님의 말씀대로 다시 돌아와
주님을 경배하는 사람들에게
하나님은 큰 복을 주실 것입니다.

하나님은 천국의 창문이 열린 것처럼
모든 좋은 선물을 우리에게 부어주시는
놀라운 큰 복을 주실 것입니다.

사랑하는 주 하나님, 주님은 선과 악을 판단하는 공의의 주님이세요.
언제나 동일하신 주님이 언제나 좋은 것으로 큰 복을 주신다는 사실을 믿어요.
제 삶을 주님께 맡기고 의지하게 해주세요. ✚ 아멘!

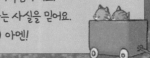

하나님이 창조하실 새 나라

이사야 65:17–25, 선지자 이사야의 말

하나님이 말씀하셨어요.
"그날이 오면 내가 새 하늘과 새 땅을 창조할 것이다.
기뻐하고 즐거워하라.
그곳엔 죽음도 없을 것이다.
사람들의 기도가 끝나기도 전에 내가 응답할 것이다.
심지어 늑대와 양도 평화롭게 함께 먹이를 먹을 것이다."

사랑하는 주 하나님, 모든 동물과 사람이 어울려 함께 지내는 천국은
얼마나 즐거운 곳일까요? 제가 주님을 믿는 믿음을 지켜 모든 것이
완벽한 천국에 갈 수 있게 도와주세요. ✚ 아멘!

높은 곳에 계시는 주님

미가 4:1-4, 선지자 미가의 말

세상 모든 사람들이 하나님께 나아와
하나님의 음성에 귀를 기울이는 날이 곧 올 것입니다.
더 이상 전쟁도 없고, 다툼도 없으며
서로 사랑하며 영원히 사는 그날이 곧 올 것입니다.
다른 사람을 해치는 무기는 모두 버려지고
풍성한 열매를 맺는 나무들이 정원에 심겨질 것입니다.
더 이상 두려워할 필요 없는 즐거움이 가득한 날이 곧 올 것입니다.

사랑하는 주 하나님, 세상 모든 사람들이 복음을 듣게 되도록 매일 기도할게요.
모든 사람들이 천국에 갈 수 있도록 주님의 능력을 보여주세요. ✚ 아멘!

태어날 구세주

이사야 7:14; 9:6-7, 선지자 이사야의 말

결혼하지 않은 젊은 처녀를 통해 하나님의 아들이
이 땅에 오실 것입니다.
그 아기는 '임마누엘'이라는 이름으로 불릴 것입니다.
'하나님이 우리와 함께하신다'라는 뜻입니다.
세상에 오실 구세주는 평강의 왕으로,
전능하신 하나님으로, 우리의 영원한 왕으로 불릴 것입니다.

사랑하는 주 하나님, 주님은 오래전 이미 예수님의 탄생을 알려주셨어요.
우리를 구원하기 위한 놀라운 계획을 허락해 주심에 감사드려요.
제가 예수님을 구원주와 주님으로 잘 섬기게 해주세요. ✚ 아멘!

빛이신 하나님

요한복음 1:1-5

세상이 창조되기도 전부터 예수님은
하나님과 함께 계셨어요.
하늘과 땅의 모든 것을 주님이 지으셨어요.
주님의 손길이 닿지 않은 창조물은 세상에
단 하나도 존재하지 않아요.
생명의 하나님은 빛을 통해 세상에 생명을 주셨어요.
하나님의 빛은 세상의 어둠에도 비추고 있었지만
어둠은 그 사실을 깨닫지 못했어요.

사랑하는 주 하나님, 주님은 태초부터 지금까지 계신 창조주이세요.
그 놀라운 창조주가 저를 위해 세상에 오셨다는 사실에 감사드려요.
제가 언제나 어디서나 주님을 높이며 찬양하게 해주세요. ✚ 아멘!

마리아를 찾아온 천사

누가복음 1:27-38

어느 날 밤 천사가 젊은 처녀 마리아를 찾아와 말했어요.
"너는 곧 임신할 것이다."
마리아는 결혼도 하지 않았기 때문에
천사의 말을 믿을 수가 없었어요.
『저는 남편도 없는데 어떻게 아이를 낳을 수 있겠습니까?』
"네가 낳을 아이는 하나님의 아들이다.
아이를 낳으면 하나님의 아들이라는 뜻으로
'예수'라고 이름을 지어라."
하나님을 신뢰했던 마리아는 이 말을 듣고 매우 기뻤어요.
『말씀해 주신 대로 행하겠습니다.』

사랑하는 주 하나님, 상식적으로 믿을 수 없는 일에도 주님의 말씀이라면
마리아처럼 믿는 제가 되게 해주세요.
마리아처럼 주님을 전심으로 믿게 해주세요. ✚ 아멘!

요셉을 찾아온 천사

마태복음 1:20-25

천사는 마리아와 곧 결혼할 정혼자 요셉을 찾아와 말했어요.
"네 아내가 될 마리아는 성령으로 아들을 임신할 것이다.
아들의 이름을 '예수'라고 지어라.
이 아기는 「모든 사람을 죄에서 구원할 구세주」이다."
요셉은 하나님이 세상 사람들을 구원하기 위해
아들을 보내신다는 천사가 전하는
하나님의 말씀을 믿고
마리아를 의심하지 않고 순종했어요.

사랑하는 주 하나님, 구세주 예수님이 땅에 오신다는 기쁜 소식이 바로 복음임을 믿어요.
요셉처럼 복음 (기쁜 소식)을 믿고, 또 전하는 제가 되게 해주세요. ✚ 아멘!

예수님의 호칭들

마태복음 1:22-23

예수님은 다른 좋은 뜻의 여러 가지 호칭들로도 불렸어요.
선지자 이사야는 아주 오래전에 예수님에 대한 예언을 적으며
"그리스도, 하나님의 아들, 세상을 구원할 구세주"라고 불렀어요.
또한 '하나님이 우리와 함께 계신다'라는 뜻의
'임마누엘'이라고도 불렸어요.

사랑하는 주 하나님, 세상의 모든 일은 주님이 뜻하시는 대로 흘러감을 고백합니다.
주님이 세상의 모든 것을 주관하시듯 제 삶도 주관해 주세요. ✚ 아멘!

마리아와 엘리사벳

누가복음 1:39-55

마리아는 성령으로 하나님의 아들을 임신했다는
믿기 힘든 사실을 사촌인 엘리사벳에게만 털어놨어요.
그러나 마리아가 예수님을 임신했다는 사실을
이미 알고 있었던 엘리사벳은
마리아가 찾아오자 뛸 듯이 기뻐하며 뱃속의 예수님을 축복했어요.
그러자 마리아가 하나님께 감사했어요.
"예수님을 영접하니 제 마음이 얼마나 기쁜지 모르겠습니다!
아무것도 아닌 저에게 하나님이 구세주의 탄생을
미리 말씀해 주시다니요!
구세주는 하나님이 약속하신 말씀을 이루기 위해
이 땅에 오셨습니다.
하나님은 예수님을 사랑하는 사람에게
놀라운 축복을 베푸실 것입니다!"

사랑하는 주 하나님, 주님을 위한 위대한 일을 할 준비가 된 사람으로 저를 성장시켜 주세요.
제가 선한 일을 감당할 수 있는 그리스도인이 되게 해주세요. ✚ 아멘!

천사를 만난 사가랴

누가복음 1:11-25, 57-64

천사는 엘리사벳의 남편인 사가랴를 찾아와
아내가 임신할 것이라고 말했어요.
엘리자벳의 나이가 너무 많았기 때문에
사가랴는 천사의 말을 믿을 수가 없었어요.
의심하는 사가랴에게 천사가 말했어요.
"하나님의 말씀처럼 네 아내가 아이를 낳을 때까지
너는 말을 못 하게 될 것이다."
사가랴는 그날부터 벙어리가 됐고,
아내 엘리사벳은 정말로 임신을 했어요.
아기가 태어나자 친척들은 아기의 이름을
아버지의 이름을 따라 사가랴로 지으려고 했지만
그 순간 엘리사벳과 다시 말을 할 수 있게 된
사가랴가 말했어요.
"안 됩니다. 그 아이의 이름은 무조건
요한으로 지어야 합니다."

사랑하는 주 하나님, 전능하신 주님의 능력을 의심하지 않게 도와주세요.
제가 보기에 불가능한 일이라도 주님은 이루실 수 있음을 믿게 해주세요. 아멘!

요한의 탄생

누가복음 1:65-80

다시 말을 하게 된 사가랴를 보고 모두가 놀랐어요.
사가랴는 요한이 선지자가 될 것이라는 사실을
천사의 말을 통해 알고 있었어요.
"우리 요한은 사람들에게 어둠을 비추는 빛에 대해
가르치는 사람이 될 것입니다."
요한은 자라나며 하나님과 더 가까워지고 믿음이 더욱 강해졌어요.
요한은 하나님의 때가 찾아올 때까지 광야에서 살았어요.

사랑하는 주 하나님, 주님은 믿는 자녀들을 위한 놀라운 계획을 세우고 계세요.
주님의 부르심에 즉각 응답하는 제가 되게 해주세요. ✚ 아멘!

첫 성탄절

누가복음 2:4-7

드디어 하나님의 약속이 이루어지는 순간이었어요.
예수님이 태어날 때였어요.
요셉은 호적을 등록하려고 만삭인 아내 마리아를 나귀에 태우고
베들레헴 동네에 가서 여관을 찾았어요.
여관에는 남아 있는 방이 없어 요셉과 마리아는
마구간에 머물러야 했어요.
동물들이 머무는 누추한 마구간에서 마침내 예수님이 태어나셨어요.
마리아는 부드러운 옷으로 예수님을 돌돌 말아 안았어요.
요셉과 마리아는 건초를 쌓아 예수님을 위한 침대를 만들어 눕힌 뒤
너무나도 사랑스러운 아기 예수님을 하염없이 바라봤어요.

사랑하는 주 하나님, 저를 위해 세상에 예수님이 와주셔서 감사드려요.
성탄절은 이 땅에 오신 예수님을 기념하는 소중한 날임을 기억하게 해주세요. ✚ 아멘!

들판의 목동들

누가복음 2:8-14

한밤중에 들판에서 양을 돌보던 목동들이 있었어요.
갑자기 하늘에서 엄청난 빛이 쏟아지더니
빛나는 광채가 목동들을 둘러쌌어요.
빛 가운데 천사가 나타나 두려워하는 목동들에게 말했어요.
"너희에게 좋은 소식을 전하러 왔으니 두려워 말라.
오늘 구세주가 탄생하셨다."
곧 더 많은 천사들이 나타나 즐겁게 노래하며 하나님을 찬양했어요.
"하나님께 영광을! 땅에는 평화를.
하나님을 믿는 사람들에게는 이보다 좋은 소식이 없을 것이다."
목동들은 이 믿을 수 없는 광경을 놀랍게 바라보았어요.

사랑하는 주 하나님, 주님을 찬양하는 밤하늘의 천사를 보게 되면 얼마나 놀라울까요!
목동이 만난 천사들처럼 저도 세상에 오신 예수님을 찬양하게 해주세요. ✚ 아멘!

아기 예수님의 손님들

누가복음 2:15-20

천사의 말을 들은 목동들은 정말로 구세주가 세상에 나셨는지
베들레헴으로 가서 찾아보기로 했어요.
서둘러 베들레헴으로 달려간 목동들은 마구간에 머무르고 있는
요셉과 마리아, 그리고 아기 예수님을 발견했어요.
말구유에 누워 곤히 자는 아기 예수님을 바라보며
목동들은 기뻐했어요.
구세주 예수님을 직접 눈으로 본 목동들은
구세주를 세상에 보내주신 하나님께 큰 찬양을 올려드렸어요.

사랑하는 주 하나님, 예수님의 탄생 소식을 듣고 기쁨과 흥분을 참지 못했던 목동들처럼
저도 모든 사람들에게 복음을 전하는 사람이 되게 해주세요. ✚ 아멘!

아기 예수님을 찾아온 동방박사들

마태복음 2:9-12

아주 먼 나라에 밤하늘에 빛나는 별을 관찰하는
지혜로운 박사들이 있었어요.
박사들은 별을 관찰하다 그토록 기다리던 구세주가
탄생하셨다는 사실을 깨닫고는 서둘러 예수님을 찾아 나섰어요.
밤하늘의 유난히 밝게 빛나는 별이 먼 동방의 박사들을
예수님이 계신 곳으로 인도했어요.
마구간에 누이신 아기 예수님을 보자마자
박사들은 엎드려 경배했어요.
박사들은 미리 준비해 온 선물들을 구세주이신
아기 예수님께 바친 후 멀리 있는 고향으로 돌아갔어요.

사랑하는 주 하나님, 동방에서 예수님을 찾아온 박사들처럼
저도 저의 가장 귀한 것을 주님께 선물로 드리길 원해요.
항상 주님의 곁을 떠나지 않도록 제 삶을 인도해 주세요. ✝ 아멘!

예수님을 축복한 시므온

누가복음 2:22–35

요셉과 마리아는 성전을 찾아가 성직자 시므온에게
아기 예수님을 자랑스럽게 보여줬어요.
시므온은 예수님을 품에 안으며 축복의 찬양을 불렀어요.
"온 세상을 비추일 환한 빛을 마침내 제가 두 눈으로 뵈옵니다!"
시므온은 성령님의 도우심으로 예수님이 온 세상을 구원할
메시아라는 사실을 이미 알고 있었어요.
시므온은 요셉과 마리아, 그리고 아직 아기인 예수님을 축복했어요.
축복을 마친 시므온이 마리아에게 말했어요.
"하나님의 길을 우리에게 보이실 구세주를 마침내
내가 오늘 만났습니다."

사랑하는 주 하나님, 예수님이 구주라는 놀라운 사실을
시므온에게 말씀해 주셨듯이, 저에게도 말씀해 주셔서 감사해요.
주님을 진정한 구주로 믿고 섬기게 도와주세요. ✚ 아멘!

선지자 안나

누가복음 2:36-38

예루살렘 성전에는 안나라는 여선지자가 있었어요.
안나는 몇 년 동안 성전을 떠나지 않고
하나님 앞에 기도하는 사람이었어요.
안나 역시 아기 예수님을 보자마자 하나님이
구세주로 보내신 사실을 곧바로 알아챘어요.
안나는 만나는 모든 사람들에게 구세주가 오셨다는
기쁜 소식을 전했어요.

사랑하는 주 하나님, 주님께서는 우리의 기도에 조금 더 기다리라는 응답을 하실 때도 있어요.
그러나 주님의 약속은 마침내, 반드시 이루어진다는 사실을 믿게 해주세요. ✚ 아멘!

무럭무럭 자라나는 예수님

누가복음 2:39-40

요셉과 마리아는 예수님을 고향 갈릴리로 데려가 키웠어요.
나사렛 마을의 목수인 아버지 요셉과 어머니 마리아는
서로 협력하며 예수님을 키웠어요.
하나님이 예수님과 함께하셨기에 예수님은 자라나며
힘과 지혜가 더해졌고
하나님과 사람들에게 더욱 사랑과 총애를 받았어요.

사랑하는 주 하나님, 좋은 부모님과 친구들을 주셔서 감사해요.
주님의 손길이 저를 돌보고 있음을 잊지 않게 해주세요. ✚ 아멘!

소년이 된 예수님

누가복음 2:41-51

소년이 된 예수님은 부모님과 함께 예루살렘에 갔어요.
일정을 마치고 집으로 돌아가야 할 시간이 됐을 때
예수님의 이름을 부르던 요셉과 마리아는 깜짝 놀랐어요.
곧장 뒤를 따라오던 예수님의 모습이 사라졌기 때문이에요.
예수님을 찾으려고 온 시내를 뒤지던 요셉과 마리아는
성전에서 예수님을 발견했어요.
예수님은 성경을 가르치는 교사 그리고
성직자들과 대화를 하고 있었어요.
왜 갑자기 사라졌냐는 어머니 마리아의 말에
예수님은 태연히 대답하셨어요.
"제가 아버지의 집에 있을 줄을 어머니는 모르셨나요?"

사랑하는 주 하나님, 예수님도 저와 같은 어린 시절이 있으셨지만,
주님의 아들이시기에 이미 모든 것을 알고 계셨어요.
예수님처럼 저도 건강하고 지혜롭게 자라나게 도와주세요. ✚ 아멘!

세례(침례) 요한

마가복음 1:4-8

가죽으로 지은 옷, 헝클어진 긴 머리, 거친 음식만 먹으며
광야에서 지내던 요한은 묵묵히 하나님의 선지자 역할을
감당하고 있었어요.
많은 사람이 강가에 머무르는 요한을 찾아와 죄를 고백하고
회개의 의미로 세례(침례)를 받았어요.
요한은 사람들에게 세례(침례)를 주며
구세주가 곧 오실 것임을 전했어요.
"나는 당신들에게 물로 세례(침례)를 주고 있습니다.
그러나 나보다 훨씬 능력 있는 분이 오실 것이기에
나는 곧 물러나야 합니다."
종교지도자들은 선지자 요한보다 더 능력 있는 사람이
누구일지 궁금해했어요.
요한은 그분이 하나님의 아들이라고 대답했어요.

사랑하는 주 하나님, 사람들에게 주님을 당당히 알리는 요한처럼
저도 친구들에게 주님을 당당히 전하게 도와주세요. ✚ 아멘!

343

요한의 가르침

누가복음 3:2-11

아주 오래전, 선지자들은 세상에 오실 예수님을 위해
열심히 준비하는 한 사람이 먼저 태어날 것이라고 예언했어요.
그 사람이 바로 요한이었어요.
요한은 세례(침례)를 받고 말씀을 들으려고
강가에 앉아 있는 사람들과
하나님의 말씀을 나누길 원했어요.
"우리가 하나님이 주신 구원을 얻으려면 무슨 일을 해야 합니까?"
사람들의 질문에 요한이 대답해 주었어요.
"천국이 가까웠으니 하나님을 믿지 않고 떠나 살았던 사람은
하나님께 돌아오는 회개를 하십시오."

사랑하는 주 하나님, 주님이 사랑들에게 전하고 싶어 하는 말씀이
무엇인지 저에게 들려주세요. 사랑들을 찾아가 요한처럼
주님이 주신 말씀을 전하게 해주세요. ✙ 아멘!

345

세례(침례)를 받은 예수님

마태복음 3:13-17

예수님은 요한에게 세례(침례)를 받으려고
갈릴리를 떠나 요단 강가로 오셨어요.
예수님이 물 안에 들어서자 하나님은
비둘기 모양의 성령님을 내려주셨어요.
성령님의 빛이 예수님을 향해 쏟아진 뒤
하늘에서 음성이 들려왔어요.
"이는 내 사랑하는 아들이며
내가 기뻐하는 자로다."

사랑하는 주 하나님, 예수님을 세상에 보내주셔서 주님에 대해 알게 해주심을 감사드려요.
저도 예수님을 믿고 주님에 대해 바르게 알게 해주세요. ✝ 아멘!

광야의 시험

마가복음 1:12-13; 마태복음 4:1-11

세례(침례)를 받은 예수님은 곧 광야로 떠나셨어요.
예수님은 혼자서 40일 동안 광야에 머무르셨어요.
광야에 홀로 있는 예수님을 사탄이 찾아와 유혹했지만,
그 어떤 유혹에도 하나님을 향한 예수님의 마음은
흔들리지 않았어요.
사탄의 계속된 시험에도 예수님은
단 하나의 잘못된 선택도 하지 않으셨어요.

사랑하는 주 하나님, 사탄의 악한 공격으로부터 저를 지켜주세요.
주님이 언제나 제 안에 함께 계시니
사탄을 두려워 않고 이겨낼 수 있게 해주세요. ✚ 아멘!

예수님의 부르심

마가복음 1:14-20

광야에서 시험을 이겨내신 예수님은 갈릴리 바닷가로 가셨어요.
예수님은 그곳에서 만난 사람들에게
하나님 나라에 대해 가르치셨어요.
예수님의 말씀을 들은 사람들은 그동안의 잘못된 믿음을 회개하고
예수님이 가르쳐주신 진리를 믿었어요.
말씀을 마치신 예수님은 고기를 낚고 있던
어부들을 찾아가 말씀하셨어요.
"물고기가 아닌 사람을 낚는 법을 가르쳐주겠다. 나를 따라오거라."
어부 안드레, 야고보, 그 형제 요한은 즉시 배와 그물을 버리고
예수님의 제자가 됐어요.

사랑하는 주 하나님, 인생을 제 뜻대로 살아가지 않고 주님이 가르쳐주신 대로 살기를 원해요.
저를 용서해 주시고 구원해 주셔서 감사하며, 더욱 주님을 사랑하게 해주세요. ✚ 아멘!

가나안의 혼인 잔치

요한복음 2:1-11

예수님과 제자들은 혼인 잔치에 초청을 받았어요.
그런데 잔치 도중에 포도주가 떨어지는 큰 문제가 생겼어요.
당시 혼인 잔치에서 포도주가 떨어지는 것은 중대한 문제였지만
함께 있던 어머니 마리아는 예수님이 이 문제를
해결해 줄 것이라고 믿었어요.
예수님은 하인들에게 포도주 통에 물을 가득 채우라고 말씀하시고는
물을 포도주로 바꾸는 기적을 일으키셨어요.
포도주를 마신 사람들은 지금껏 먹어본 포도주 중
가장 맛이 좋다고 기뻐했어요.
예수님이 일으키신 첫 번째 기적이었어요.
예수님은 제자들이 예수님을 믿게 하려고 능력을 보여주셨어요.

사랑하는 주 하나님, 예수님은 정말로 놀라운 기적을 일으키실 수 있는 분이세요!
저의 필요를 채우시고 돌봐주시는 주님께 큰 감사를 드리며,
말씀에 순종하게 해주세요. ✚ 아멘!

예수님을 찾아온 니고데모

요한복음 3:1-8

한밤중에 의회 의원인 니고데모라는 사람이
예수님을 찾아왔어요.
니고데모는 예수님이 정말로 하나님이 보내신
하나님의 아들인지 궁금했어요.
예수님이 니고데모에게 말씀하셨어요.
"성령으로 거듭난 사람은 완전히 새롭게 다시 태어난다.
거듭난 사람만이 나를 믿을 수 있고 나의 참 제자가 될 수 있다."

사랑하는 주 하나님, 저를 사랑하는 주님의 자녀로 거듭나게 해주심을 감사드려요.
제가 정말로 예수님을 믿고 따르게 도와주세요. ✚ 아멘!

하나님의 아들

요한복음 3:16-17

예수님의 말씀이에요.
"하나님이 세상을 무척 사랑하셔서 유일한 아들을 보내주셨다.
그 아들을 믿는 사람은 누구든 멸망치 않고
천국에 가고 영생을 얻는다.
하나님이 세상에 자기 아들을 보내주신 것은
사람들이 잘못했으니 벌주고 심판하시려는 게 아니라
오히려 구원하시기 위해서다."

사랑하는 주 하나님, 예수님을 믿을 때 우리는 구원받고 천국에 들어가요.
이 유일한 진리를 믿고 평생 주님 곁을 떠나지 않게 도와주세요. ✚ 아멘!

우물가의 여인

요한복음 4:7-29

하루는 예수님이 우물가에서 만난 사마리아 여인에게
물을 달라고 부탁하셨어요.
사마리아인과 유대인은 서로 말도 걸지 않을 정도로
사이가 좋지 않았기 때문에
예수님의 말씀을 들은 사마리아 여인이 놀라 물었어요.
『왜 저에게 말을 거셨나요?』
예수님이 대답하셨어요.
"너에게 선물을 주기 위해서다.
내가 주는 선물인 생명수는 시원한 우물물보다 훨씬 좋은,
한 번만 마셔도 평생 목이 마르지 않는 물이다."
사마리아 여인이 예수님의 말을 이해하지 못하자
예수님이 다시 말씀하셨어요.
"내가 바로 하나님의 아들이다.
나를 믿는 사람은 영생을 얻는다."

사랑하는 주 하나님, 예수님은 우리에게 영생과 천국을 선물로 주시기를 원해요.
예수님을 믿음으로 이 귀한 선물을 놓치지 않는 제가 되게 해주세요. ✚ 아멘!

355

지붕을 뚫고 내려온 환자

누가복음 5:18-26

몸이 너무 아파서 움직일 수 없는 환자가 있었어요.
환자의 친구들은 아픈 친구가 어떻게든
예수님을 만나도록 계획을 세웠어요.
예수님이 계시는 집에는 사람이 너무 많아 도저히 들어갈 수 없자
친구들은 지붕을 뚫고 밧줄로 환자인 친구를 내려보냈어요.
예수님은 아픈 친구를 위해 다른 친구들이 쏟은 노력에
큰 감명을 받으셨어요.
"너의 죄를 모두 용서했다. 이제 일어나서 걸어 나가거라."
예수님이 말씀하신 즉시 환자는 치유됐어요.
환자는 일어나자마자 예수님께 감사를 드렸고 멀쩡히 걸어 나갔어요.
집 안에서 이 모습을 본 사람들은 모두 예수님을 믿었어요.

사랑하는 주 하나님, 누가복음에 나온 환자의 친구들처럼
저도 다른 사람들에게 좋은 친구가 되게 해주세요.
아픈 친구를 먼저 찾아 돕는 친절한 사랑이 되게 해주세요. ✚ 아멘!

베데스다 연못

요한복음 5:1-17

예루살렘의 베데스다 연못에는, 연못에 몸을 담그면
병이 낫는 기적이 일어난다는 소문이 있었어요.
한 환자가 아주 오랫동안, 이 연못 옆에서 누워있었어요.
혼자서는 연못에 들어갈 수도 없을 만큼
아픈 환자를 본 예수님이 말씀하셨어요.
"일어나 걸어라."
연못에 들어가지 않았어도,
예수님의 말씀을 들은 환자는 곧 병이 나았어요.
놀라운 기적이었지만 유대인들은
예수님이 안식일에 일을 했다며 오히려 화를 냈어요.
안식일은 아무 일도 하면 안 되는 날이라고 믿었기 때문이에요.
예수님은 유대인들에게 쉬지 않고
일하시는 하나님처럼
예수님도 맡은 일을 한 것이라고
말씀하셨어요.

사랑하는 주 하나님, 주님은 주일을 거룩히 지키고 쉬라고 말씀하셨어요.
그러나 주일에도 남을 돕고, 선을 행하는 일을 멈추지 않는 제가 되게 해주세요. ✚ 아멘!

산에서 가르치시는 예수님

마태복음 4:25-5:16

예수님의 말씀을 듣고자 하는 사람들이 구름떼처럼 몰려들었어요.
예수님과 제자들은 여러 마을을 돌아다니며
하나님에 대해 전했어요.
예수님이 산에 오르시자 많은 군중이 따라 올라왔어요.
예수님은 높은 산 위에 서서 사람들에게 진리를 가르치셨어요.
"너희는 세상의 빛이다.
촛불 하나의 작은 빛도 세상이 감출 수 없다.
작은 촛불 하나가 어둠을 밝게 비추는 것처럼
선을 실천하며 세상에서 빛을 발해야 한다."

사랑하는 주 하나님, 주님을 사랑하는 만큼 세상에서 착한 일을 하도록 도와주세요.
세상에서 주님의 사랑을 전하는 빛처럼 살아가게 해주세요. ✚ 아멘!

진정한 축복

마태복음 5:2-9

예수님은 사람을 진정으로 행복하게 만드는 것이
무엇인지 가르치셨어요.
예수님의 가르침은 사람들이 이전에 한 번도
들어본 적이 없는 말씀이었어요.
예수님은 힘이 세고 똑똑한 사람이
행복한 사람이 아니라고 말씀하셨어요.
그리고 부자나 유명인도 행복한 사람이 아니라고 말씀하셨어요.
오히려 마음이 가난하고 연약한 사람들이
행복한 사람이라고 말씀하셨어요.
힘없고 어려운 사람들이 전능하신 하나님의 도움을 받을 자격이 있는
행복한 사람이라고 예수님은 말씀하셨어요.

사랑하는 주 하나님, 스스로 힘이 없다고 느껴지고 외롭다고 느껴질 때
오히려 주님께 감사드리길 원해요. 주님이 저를 돕기 위해
항상 저와 함께 계심을 제가 잊지 않게 도와주세요. ✝ 아멘!

새와 꽃을 보라

마태복음 6:24-30, 예수님의 비유

오직 한 분이신 하나님만을 섬겨라.

하나님을 믿고 무엇을 먹고 마실까 걱정하지 말아라.

어떻게 하면 더 건강해질까도 걱정하지 말아라.

무엇을 입을까도 걱정하지 말아라.

고개를 들어 하늘을 나는 새들을 바라보아라.

새들도 먹이시는 하나님이 너희를 책임지지 않겠느냐?

들판에 아름답게 꽃 핀 식물들을 보아라.

그 꽃들을 입히신 하나님이 너희의 입을 것을

책임져 주시지 않겠느냐?

사랑하는 주 하나님, 주님을 믿기 때문에 저는 아무것도 걱정할 일이 없어요.
저의 모든 필요를 주님이 책임져 주심을 믿고 염려하지 않게 해주세요. ✚ 아멘!

주님이 가르쳐주신 기도

마태복음 6:9-13

예수님은 우리에게 기도하는 법을 가르치셨어요.
"너희는 이렇게 하나님께 기도하거라.
하늘에 계신 우리 아버지여. 주님의 나라가 임하기를 원합니다.
하나님의 나라를 이 땅 가운데 이루어주소서.
매일 먹을 양식을 우리에게 주시고,
주님이 우리의 죄를 용서하여 주신 것 같이
우리도 다른 사람의 죄를 용서하게 해주소서.
악에 빠지지 않도록 우리를 지켜주시고
유혹 가운데서 우리를 지켜주소서.
모든 나라와 권세와 영광이 아버지의 것입니다. 아멘."

사랑하는 주 하나님, 주님은 매 순간 기도를 통해 우리와 만나기를 원하세요.
하루도 빼먹지 않고 기도로 주님과 대화하는 제가 되게 해주세요. ✚ 아멘!

열매 맺은 나무

마태복음 7:15-23

예수님은 사람들에게 다음과 같이 가르치셨어요.
"말과 행동이 다른 사람을 조심하라.
그들은 바른말을 할지는 모르나 행동은 나쁘게 하는 사람들이다.
나를 알고 믿고, 따른다고 말로만 하고
행동하지 않는 사람들도 이와 같다.
그러므로 너희는 사람의 말이 아닌 행동을 주목해야 한다.
진리를 깨달은 사람은 풍성한 열매를 맺은 나무와 같다.
좋은 나무는 좋은 열매를 맺는다.
그러나 맛이 나쁜 열매를 맺거나 잎사귀만 무성한 사람도 많다."

사랑하는 주 하나님, 사람들의 말보다 행동으로 좋은 사람인지 아닌지를
알아가게 해주세요. 저 또한 행동으로 주님이 좋으신 분이란 걸
사람들에게 알릴 수 있게 도와주세요. ✚ 아멘!

반석 위에 지은 집

누가복음 6:46-49

예수님이 사람들에게 말씀하셨어요.
"너희가 어떻게 살아야 할지 가르칠 테니 내 말을 들어라.
너희는 반석 위에 집을 짓는 사람이 되어야 한다.
바위 위에 지은 집은 폭풍이 몰아쳐도 굳건하다.
그러나 내 말을 듣지 않는 사람은 모래 위에 집을 지은 사람과 같다.
모래 위에 지은 집은 폭풍우를 견디지 못하고 허물어진다.
폭풍우가 그치기 전에 완전히 쓸려나갈 것이다."

사랑하는 주 하나님, 예수님의 말씀이라는 반석 위에 제 인생의 집을 세우기 원합니다.
흔들리지 않고 튼튼한 집이 되도록 주님이 보살펴주세요. ✚ 아멘!

예수님의 치유 사역

마태복음 8:1–13

예수님과 제자들이 가는 곳이라면
어디든지 사람들이 몰려들었어요.
누군가 아픈 사람이 예수님 앞에 나아와
"주님, 저를 고쳐주세요"라고 말하면
예수님은 그를 만지셨고 곧 병이 나았어요.
다른 사람, 또 다른 사람이 예수님을 찾아와
똑같이 고침을 받았어요.

사랑하는 주 하나님, 주님이 저를 만드셨기에 누구보다 저를 잘 알고 계세요.
제가 힘들고 아플 때마다 저의 몸과 마음을 고쳐주세요. ✚ 아멘!

예수님을 기쁘게 만든 믿음

누가복음 7:1-10

한 무리의 사람들이 예수님을 찾아왔어요.
무리 앞에 선 남자는 돈이 많은 백부장으로
그의 충직한 종이 몹시 아프자
친구 같은 종을 낫게 해달라고 부탁하고자 찾아왔어요.
예수님이 백부장의 집을 방문하겠다고 하시자
백부장이 무릎을 꿇고 말했어요.
"주님이 단지 여기서 말씀만 하셔도
제 종이 나을 것이라고 저는 믿습니다."
백부장의 놀라운 믿음을 보고 예수님은 매우 기뻐하셨어요.
백부장의 믿음은 예수님도 인정하신 진짜 믿음이었어요.
백부장의 종은 정확히 예수님이 말씀하신
그 시간에 병이 나았어요.

사랑하는 주 하나님, 주님이 모든 일을 이루실 수 있는 전능하신 주님임을 저도 믿기 원해요.
예수님을 기쁘게 만든 백부장과 같은 믿음을 갖게 도와주세요. ✚ 아멘!

369

예수님의 대답

마태복음 11:3-6

아주 오래전, 선지자들은 구세주 예수님이 오실 것이라고 예언했어요.
예수님의 제자 중 몇몇은 예수님이 선지자가 예언한 대로
그 구세주인지 궁금했어요.
예수님은 말이 아닌 놀라운 기적들로 이 의문에 답하셨어요.
그리고 예수님이 누구인지를 여전히 궁금해하는
제자들에게 말씀하셨어요.
"너희가 본 걸 다른 사람들에게 전해라.
눈이 먼 사람이 눈을 뜨고,
다리를 저는 사람이 멀쩡히 걸어 다닌다고 말이다.
병자가 고침을 받고, 귀먹은 사람이 소리를 듣고,
죽은 사람이 다시 살아나고, 가난한 사람이
하나님에 대해서 배우는 일들이 지금 일어나고 있다.
누구든지 나를 믿는 사람은 세상에서 가장 큰 복을 받은 사람이다."

사랑하는 주 하나님, 예수님이 세상에 오실 것이라고 주님은 말씀하셨어요.
예수님은 정말로 세상에 오셨고, 자신이 주님의 아들이심을 세상에 보여주셨어요.
이 놀라운 구원의 소식을 저도 온전히 믿게 도와주세요. ✚ 아멘!

막달라 마리아

누가복음 8:1–3

막달라 마리아와 친구들은 여러 가지 질병으로 고통받고 있었어요.
그런 그녀들에게 예수님이 찾아오셨고 복음을 선포하셨어요.
여인들은 예수님의 말씀을 전심으로 믿고 따랐어요.
예수님은 그녀들의 모든 병을 고쳐주셨고
서로 좋은 친구가 되게 이어주셨어요.
막달라 마리아와 다른 여성들은 예수님이 이스라엘을 두루 다니면서
복음을 전하시는 일에 도움이 되도록 많은 헌금을 했어요.

사랑하는 주 하나님, 주님은 제 마음 깊은 곳까지 들여다보고 계세요.
누구보다 저를 잘 아시고 위로해 주시는 좋은 친구가 되어 주심에 감사하며
저도 어려운 사람들에게 좋은 친구가 되게 해주세요. ✚ 아멘!

겨자씨만 한 믿음

마가복음 4:30-32, 예수님의 비유

하나님의 나라는 작은 겨자씨와 같다.
겨자씨는 모든 씨앗 중에 가장 작은 씨앗이다.
그러나 땅에 심으면 정원에서 가장 큰 나무로 자란다.
많은 새가 가지에서 쉬었다 갈 수 있을 정도로
울창한 나무로 자란다.

사랑하는 주 하나님, 주님도 작은 아이로 세상에 오셨어요.
누구보다 훌륭하게 자라신 예수님처럼 저도 믿음으로 잘 자라게 도와주세요. ✝ 아멘!

373

완벽한 진주

마태복음 13:45-46, 예수님의 비유

하나님의 나라는 완벽한 진주를 찾는 한 남자와 같다.
남자는 그 진주가 완벽하다는 걸 알기에
값이 얼마든 상관하지 않고 찾아다닌다.
남자가 진주를 찾는다면 세상의 그 무엇과도
비교할 수 없는 큰 기쁨을 느낄 것이다.

사랑하는 주 하나님, 주님이 제 삶의 가장 완벽한 진주임을 고백합니다.
어떤 희생과 값을 치르더라도 결코 주님을 향한 믿음을
포기하지 않는 제가 되게 해주세요. ✚ 아멘!

가득한 그물

마태복음 13:47-49, 예수님의 비유

하나님의 나라는 바다에서 건져 올리는 물고기가 가득한 그물과 같다.
어부가 그물을 건지면 그 안에는 수많은 물고기가 담겨 있다.
좋은 물고기는 그대로 건져지지만 안 좋은 물고기는
다시 바다로 던져진다.
세상의 끝날에는 이와 같은 일이 일어날 것이다.
천국에 갈 자격이 있는 의인과 지옥에 가야 할 악인을
천사들이 걸러낼 것이다.

사랑하는 주 하나님, 주님을 믿는 사람들을 주님이 천국으로 데려가신다는 사실을 믿습니다.
예수님을 믿어 주님이 계신 천국에 갈 수 있게 해주세요. ✚ 아멘!

바다 위의 예수님

마가복음 4:35-38

갈릴리 지역에서 매우 긴 하루가 지났어요.
예수님은 온종일 매우 많은 사람들을 고치셨고, 먹이셨어요.
어느덧 밤이 되자 예수님은 마을로 돌아가려고
제자들과 함께 배를 탔어요.
그런데 갑자기 폭풍이 몰아치며
예수님과 제자들이 탄 배를 거칠게 흔들었어요.
예수님은 하나님이 언제나 함께하신다는 사실을 알기에
놀라지 않으셨어요.
예수님은 거친 풍랑에도 뱃전에 머리를 대고 곤히 주무셨어요.
제자들은 두려움에 떨며
'예수님은 이런 풍랑에서도 어떻게 잠드실 수 있을까?'라고
생각했어요.

사랑하는 주 하나님, 전능하신 주님이 언제나 저와 함께 있음을 제가 믿게 도와주세요.
바다에서 풍랑을 만나는 듯한 위험이 찾아와도
두려워하지 않는 제가 되게 해주세요. ✚ 아멘!

풍랑을 멈추신 예수님

마가복음 4:37-40

폭풍은 점점 더 거세졌어요.
파도는 배를 부술 듯이 몰아쳤고,
하늘에서는 천둥과 번개가 몰아쳤어요.
제자들은 더는 버틸 수가 없어 급하게 예수님을 깨웠어요.
"선생님, 큰일 났습니다.
우리가 전부 물에 빠져 죽게 생겼습니다!"
잠에서 깬 예수님은 뱃머리에 서서 바다에 명령하셨어요.
"바다여, 잠잠하라."
그러자 거짓말처럼 파도가 잔잔해지고 폭풍우가 사라졌어요.
예수님이 제자들에게 말씀하셨어요.
"왜 두려워하느냐?"
예수님은 어떤 상황에서도 하나님이
지켜주실 것을 알고 계셨어요.

사랑하는 주 하나님, 주님은 언제나 저와 함께하세요! 함께하는 주님을 믿음으로
어떤 상황에서도 두렵지 않게 제 마음에 용기를 부어주세요. ✚ 아멘!

병약한 야이로의 딸

마가복음 5:22-24; 누가복음 8:40-42

마을의 중요한 시설들을 관리하는 회당장인 야이로는
예수님을 매우 존경했고,
예수님의 놀라운 능력을 인정했어요.
그러나 야이로의 친구들 대부분은 예수님을 싫어했어요.
어느 날 야이로의 딸이 심하게 아프자
야이로는 예수님께 달려갔어요.
"예수님, 제 딸이 지금 거의 죽게 생겼습니다."
예수님은 야이로의 간청을 듣고 함께 야이로의 집으로 가셨어요.

사랑하는 주 하나님, 주님은 어려움에 처한 사람들을 도울 준비가 항상 되어 있는 분이세요.
제가 주님께 도움을 구할 때도 즉각 응답해 주실 줄 믿어요.
저도 남이 어려울 때 주님의 이름으로 돕게 해주세요. ✚ 아멘!

여인의 믿음

마가복음 5:25-34

길을 가던 예수님이 갑자기 걸음을 멈추고 말씀하셨어요.
"누가 나를 만졌느냐?"
겁에 질린 한 여인이 앞으로 나왔어요.
"저는 수년 동안 불치병을 앓고 있었는데
예수님의 옷자락만 만져도 병이 나을 것이라 믿어
손을 뻗었는데 정말로 제 병이 방금 나았습니다."
여인의 고백을 듣고 예수님은 미소를 지으셨어요.
"내가 너를 낫게 해줄 것이라 믿었기 때문에
네 병이 나은 것이다."

사랑하는 주 하나님, 주님이 언제나 저와 함께하신다는 사실을 믿습니다.
어려운 환경에서도 포기하지 않고 주님을 계속 찾게 도와주세요. ✚ 아멘!

죽어버린 야이로의 딸

마가복음 5:35-39; 누가복음 8:49-53

야이로의 종이 급하게 예수님과 야이로를 찾아 달려왔어요.
종은 야이로의 딸이 이미 죽어버렸다는 매우 슬픈 소식을 전했어요.
슬픔에 빠진 야이로에게 예수님이 말씀하셨어요.
"걱정하지 말아라. 다만 나를 믿어라."
예수님은 세 명의 제자를 데리고 야이로의 집으로 들어가셨어요.
예수님은 침대에 누워 있는,
죽은 야이로의 딸을 바라보며 말씀하셨어요.
"모두 걱정하지 말아라. 이 아이는 죽은 것이 아니다.
잠깐 자고 있을 뿐이다."

사랑하는 주 하나님, 주님이 모든 일을 하실 수 있는 능력의 주님이시라는 사실을 저는 믿어요.
가능성이 이미 사라지고, 불가능해 보이는 일이 일어난다 하더라도
주님을 믿고 포기하지 않게 해주세요. ✚ 아멘!

다시 살아난 소녀

마가복음 5:39-42; 누가복음 8:52-55

야이로의 딸은 죽은 것이 분명했지만
예수님은 잠든 것이라고 말씀하셨어요.
예수님은 야이로 딸의 손을 잡으며 말씀하셨어요.
"달리다굼, 소녀야 일어나거라."
그러자 야이로의 딸이 눈을 깜박이더니
자리에서 멀쩡히 일어났어요.
그 자리에 있던 사람들은 이 광경을 보고도
믿을 수가 없었어요.
예수님은 죽은 야이로의 딸을 다시 살리셨어요.
야이로와 아내는 기쁨의 눈물을 흘리며
예수님께 감사의 인사를 드렸어요.

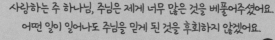
사랑하는 주 하나님, 주님은 제게 너무 많은 것을 베풀어주셨어요.
어떤 일이 일어나도 주님을 믿게 된 것을 후회하지 않겠어요.
제가 이해가 안 되고, 어려울 때에도 쉽게 포기하지 않게 해주세요. 아멘!

오병이어의 기적

마태복음 14:15-21

예수님이 빈들 벌판에서 사람들을 가르치고 계셨어요.
시간이 흘러 사람들이 배고픔에 힘들어하자
한 제자가 예수님께 말했어요.
"저희에게는 사람들을 먹일 충분한 음식이 없습니다.
그런데 여기 한 소년이 물고기 두 마리와
보리떡 다섯 개를 가지고 왔어요."
예수님은 소년이 가져온 음식을 기쁘게 받으시고
축복 기도를 하셨어요.
잠시 후 제자들이 광주리에 담긴 음식을 사람들에게 나눠 줬는데,
아무리 나눠줘도 광주리의 음식이 떨어지지 않았어요.
소년이 가져온 작은 선물은 그곳에 모인 수많은 사람들을
배불리 먹일 놀라운 기적의 씨앗이었어요.

사랑하는 주 하나님, 주님께 작은 음식을 가지고 나온 소년처럼,
저도 작은 것이라도 주변과 나눌 줄 아는 성품의 아이가 되게 해주세요. ✚ 아멘!

물 위를 걸으신 예수님

요한복음 6:17-20

예수님의 제자들이 한밤중에 배를 타고 있었는데
갑자기 폭풍이 몰아쳤어요.
겁에 질린 제자들은 급하게 예수님을 찾았지만
예수님은 멀리 떨어진 산에서 혼자 시간을 보내고 계셨어요.
그때 어떤 사람이 어두운 바다 위를 걸어
배를 향해 다가오자 제자들은 큰 두려움에 빠졌어요.
그러자 물 위를 걷는 남자가 말했어요.
"두려워하지 말아라. 바로 나다."
물 위를 걸어 제자들을 찾아오신 분은
바로 예수님이었어요.

사랑하는 주 하나님, 천둥번개가 몰아쳐도 저는 두렵지 않아요.
폭우가 몰아쳐도 주님은 저와 함께 계시기 때문이에요.
전지전능하신 주님을 믿어, 어떤 상황도 두려워하지 않게 해주세요. ✝ 아멘!

387

물 위를 걸은 베드로

마태복음 14:28-32

제자들은 물 위를 걸어오신 예수님을 보고 크게 놀랐어요.
베드로가 물 위의 예수님을 향해 나아왔어요.
"정말로 예수님이십니까?
그렇다면 저보고 물 위를 걸어오라고 말씀해 주십시오."
예수님은 베드로의 청을 들어주셨어요.
베드로가 배에서 나와 바다 위에 발을 올리자
예수님처럼 물 위를 걷게 되었어요.
그러다 폭풍우가 더 거세지자 베드로의 마음에 두려움이 생겼어요.
믿음이 약해진 베드로가 바다에 빠지자
예수님은 베드로를 건지며 말씀하셨어요.
"나를 믿지 못하고 왜 의심했느냐?"
예수님이 베드로를 배 위로 건져주시자
곧 폭풍우가 멎었어요.

사랑하는 주 하나님, 주님은 세상의 모든 것을 다스리는 분이심을 믿어요.
심지어 바다 위도 걸을 능력이 주님께 있음을 고백해요.
어떤 위험에서도 주님이 함께 하심을 믿게 해주세요. ✚ 아멘!

생명의 떡

요한복음 6:35-38

예수님은 사람들에게 다음과 같이 가르치셨어요.
"나는 생명의 떡이다.
나를 만나러 찾아오는 사람은
누구든지 다시는 배고프지 않을 것이다.
누구든지 나를 믿는 사람은 다시는 목마르지 않을 것이다.
누구든지 나를 사랑하는 자는, 나도 그를 사랑할 것이다."

사랑하는 주 하나님, 주님이 주시는 기쁨은 평생 사라지지 않는 영원한 기쁨이에요.
제 영혼이 다시 배고파지지 않게 주님이 채워주세요. ✚ 아멘!

베드로의 고백

마태복음 16:15-17

하루는 예수님이 제자들에게 질문하셨어요.
"너희들은 내가 누구라고 생각하느냐?"
베드로가 대답했어요.
"예수님은 하나님의 아들이시고,
세상을 구원하실 그리스도이십니다."
예수님은 웃으며 베드로를 축복하셨어요.
"베드로야, 너에게 하나님의 큰 복이 있을 것이다.
너는 다른 사람들의 말을 듣지 않았고
하나님이 너의 마음에 주시는 음성을 듣고 대답했다."

사랑하는 주 하나님, 예수님이 주님의 아들이시며,
저를 구원하기 위해 이 땅에 오셨다는 사실을 알려주시고,
믿게 해주심을 감사드려요. 늘 굳게 믿게 해주세요 ✙ 아멘!

391

탁자 위의 등불

누가복음 8:16-18, 예수님의 비유

등불은 탁자 위에 놓아야 방안을 환하게 비춘다.
환한 등불을 침대 밑에 놓으면 여전히 어둡지만,
탁자 위에 놓으면 어둠은 곧 사라진다.
"세상에는 많은 신비로운 일들이 있다.
그러나 빛을 비추면 감추어진 비밀도 드러날 것이다.
그러니 말씀을 주의 깊게 듣고 이해하려고 노력해라.
지혜를 따라 행동하는 사람은 더더욱 지혜롭게 될 것이다."

사랑하는 주 하나님, 진리의 주님께로 세상 사람들을 이끄는 어린이가 되기를 원해요.
제가 어두운 세상을 밝게 비추는 등불로 살아가게 도와주세요. ✚ 아멘!

빛으로 둘러싸인 예수님

마태복음 17:1-9

예수님은 가장 아끼는 세 명의 제자를 데리고 산으로 올라가셨어요.
정상에 오르자 갑자기 신비로운 일이 일어났어요.
신비로운 빛과 구름이 예수님의 몸을 감쌌고,
예수님은 하얗고 환한 모습으로 변해갔어요.
곧 어떤 목소리가 들려왔어요.
"이 사람은 내가 사랑하고 기뻐하는 나의 아들이다.
그의 말에 귀를 기울이라."
제자들은 이 음성을 듣고 놀라 땅에 엎드렸지만
예수님은 평온히 그 음성에 귀를 기울이셨어요.
제자들은 놀라운 경험을 한 뒤 예수님과 함께 산을 내려갔어요.

사랑하는 주 하나님, 예수님은 진정한 주님의 아들이시고, 주님이심을 고백합니다.
저를 위해 존귀한 독생자를 세상에 보내주심을 감사드려요.
예수님을 사랑하고 잘 섬기게 도와주세요. ✚ 아멘!

아이들을 사랑하신 예수님

누가복음 9:46-48

예수님의 제자들은 서로 누가 가장 큰 사람인지를 놓고
싸우고 있었어요.
제자들이 싸우는 소리를 들은 예수님은
한 아이를 불러 곁에 두셨어요.
예수님은 아이를 바라보며 싸우는 제자들에게 답을 주셨어요.
"여기 이 아이가 보이느냐?
이 아이를 반갑게 맞아주는 사람이
하나님이 반갑게 맞아주시는 사람이다.
하나님의 나라에서는 가장 작은 사람이
가장 큰 사람이 되기 때문이다."

사랑하는 주 하나님, 다른 사랑의 시선을 의식하기보다 주님을 따르길 원해요.
최고가 되기보다는 최선을 다하는 일을 더 중요하게 여기는 제가 되게 해주세요. ✚ 아멘!

유대인의 명절

요한복음 7:11-16

유대인들이 한 곳에 모이는 중요한 명절이 되자
유대인들은 예수님이 자신들이 고대하던 메시아인지를 놓고
서로 토론했어요.
"예수님은 선한 사람입니다."
"아니요. 그는 거짓말하는 사람입니다!"
명절의 중간 즈음이 됐을 때 예수님이
사람들을 가르치려고 나타나셨어요.
유대인의 지도자들은 예수님의 가르침을 듣고 매우 놀랐어요.
"예수님은 누구시길래 하나님에 대해서 그렇게 잘 아시는 겁니까?"
몇몇 사람들이 묻자 예수님이 대답하셨어요.
"내가 가르치는 것은 내 지식이 아닌
하나님이 주신 생각이다."

사랑하는 주 하나님, 주님에 대해서 사람들에게 지혜롭게 증거하는 제가 되게 해주세요.
주님이 주시는 지혜로 사람들에게 말할 수 있도록 도와주세요. ✚ 아멘!

예수님을 도운 니고데모

요한복음 7:42-53

유대인들은 기존 종교의 법이 아닌
새로운 말씀을 전한다는 이유로 예수님을 싫어했어요.
유대인들은 예수님도 자신들이 만든 법을 따르길 원했어요.
어느 날 유대인들이 예수님을 감옥에 가두려고
회의를 하고 있을 때 한 남자가 소리쳤어요.
"멈추시오!"
그는 밤중에 예수님을 찾아와 질문했던 니고데모였어요.
"예수님의 말과 행동을 보지도 않고 판단하는 것은 옳지 않습니다."
유대인 지도자들은 결국 예수님을 두고
각자 살던 곳으로 돌아갔어요.

사랑하는 주 하나님, 다른 사람들이 주님을 믿지 않고,
오히려 공격한다 해도 제 믿음이 흔들리지 않게 해주세요.
저에게 당당히 믿음을 공개할 용기를 주세요. ✚ 아멘!

죄지은 여인을 용서하신 예수님

요한복음 8:1-11

하루는 사람들이 모여서 한 여인에게 돌을 던지려 했어요.
"이 여인은 매우 큰 잘못을 저질렀기에 우리가 돌로 치려는 겁니다."
그들이 예수님에게도 이 사실을 알리자 예수님이 대답하셨어요.
"잘 알겠다. 그러나 너희 중에 죄가 없는 사람만
이 여인에게 돌을 던져라."
그리고 예수님은 땅에 글씨로 이 말씀을 새기셨어요.
돌을 쥔 사람들은 땅에 적힌 글씨를 보고 머뭇거리다가
하나둘 집으로 돌아갔어요.
홀로 남은 여인에게 예수님이 말씀하셨어요.
"너도 돌아가라. 그리고 다시는 죄를 짓지 말아라."

사랑하는 주 하나님, 온전하신 주님이 저의 회개를 받아주시고,
죄를 용서해 주심을 감사드려요.
주님이 저에게 하신 것처럼 저도 다른 친구들을 용서하게 도와주세요. ✚ 아멘!

선한 목자

요한복음 10:11-19, 예수님의 비유

선한 목자는 자기 양을 위해 생명까지 바칩니다.
반면에 나쁜 목자는 늑대가 나타나면
자기 양을 버리고 도망칩니다.
예수님은 선한 목자입니다.
예수님은 자기 양들을 하나하나 다 알고 계십니다.
또한 양떼인 우리도 선한 목자이신 주님을
잘 알고 있습니다.
소중한 양을 한 마리도 잃지 않으려고
하나님은 예수님을 우리에게 보내셨습니다.
한 마리의 양을 위해 생명까지 아까워하지 않기 때문에
하나님은 선한 목자이신 예수님을 사랑하십니다.

사랑하는 주 하나님, 주님은 저에 대해 모든 것을 알고 계시고,
누구보다 저를 사랑하시는 주님이세요.
선한 목자이신 주님을 잘 따라가게 해주세요. ✚ 아멘!

주님을 따르는 제자들

누가복음 10:1-11

하나님의 사랑을 멀리, 널리 전하라고
예수님은 제자들에게 말씀하셨어요.
"누구를 만나든지 그들을 축복하고 평안이 있기를 빌어라.
만약 너희를 반기지 않거든 슬퍼하지 말고
신발의 흙을 털어버리고 다른 곳으로 전하러 가거라."

사랑하는 주 하나님, 주님이 주시는 평안으로 사람들과 잘 지내게 도와주세요.
가족들과 친구들과 싸우지 않고 더욱 사랑하기를 원해요. ✚ 아멘!

선한 사마리아인

누가복음 10:30-37, 예수님의 비유

한 남자가 여행 중에 강도를 당했어요.
강도는 남자의 모든 것을 빼앗고
더러운 길가에 버리고 도망쳤어요.
잠시 뒤 성직자가 지나갔는데
성직자는 다친 남자를 보고도 모른 체하고
서둘러 자리를 떠났어요.
잠시 뒤 가까운 마을 사람이 지나갔는데
이 사람도 그냥 지나갔어요.
그러나 당시 사람들이 피하던 사마리아인은
다친 남자를 도우려고 저 멀리서 달려왔어요.
사마리아인은 강도 당한 남자를 병원에 데려다주고
치료비까지 대신 냈어요.
도움이 필요한 사람을 기꺼이 돕는 것,
이것이 바로 사랑이에요.

사랑하는 주 하나님, 제 친구와 가족들에게도 예수님이 주시는 평안을 전하길 원해요.
다투지 않고 지혜롭게 복음을 전하게 도와주세요 ✚ 아멘!

하나님께 간청하라

누가복음 11:5-13, 예수님의 비유

늦은 밤 친구의 집을 찾아가 내일 먹을 빵이 없으니
빌려달라고 말하면 뭐라고 할까요?
"이 늦은 시간에 왜 왔어? 자야 하니 어서 돌아가게."라고
말하지 않을 것입니다.
친구는 자던 중에도 나와서 부탁을 들어줄 것입니다.
친구여서가 아니라, 한밤중에 찾아올 정도로
간절히 요청했기 때문입니다.
하늘의 아버지이신 하나님께도 이처럼 구하십시오.
받고 싶은 것들을 달라고,
찾고 싶은 것을 발견하게 해달라고 간절히 기도하십시오.
친구 집 문을 두드리듯이 하나님께 간청하면
하나님이 문을 열어 기도를 응답해 주십니다.

사랑하는 주 하나님, 제 기도에 언제나 응답해 주시는 주님께 감사드려요.
주님을 더 자주 찾고, 더 알기 원하는 제가 되게 해주세요. ✚ 아멘!

어리석은 부자

누가복음 12:16-33, 예수님의 비유

곡식을 쌓아둘 곳이 없을 정도로 부자인 농부가 있었습니다.
넘치는 수확을 보고 부자 농부는 생각했습니다.
"수확이 이렇게나 많으니 곡식을 담아둘 더 큰 창고를 만들어야겠군.
앞으로 몇 년은 걱정 없이 살 수 있겠어."
그러나 부자는 풍족한 재산을 다 써보지도 못하고
다음 날 죽고 말았습니다.
하나님을 모르고 부자가 되려고 노력하는 사람은
결국 이 부자와 같은 최후를 맞이합니다.
그러니 하나님의 말씀대로 가진 것을 가난한 사람들과 나누십시오.
그러면 하늘나라의 창고에 보물이 쌓입니다.
하늘나라의 보물은 사라지지도 않고 누가 훔쳐 갈 수도 없습니다.

사랑하는 주 하나님, 땅에서의 부자가 아닌, 하늘에서의 부자가 되기를 원해요.
주님의 말씀을 잘 배우고, 그대로 실천하며 살아가는 제가 되게 해주세요. ✚ 아멘!

충실한 종

누가복음 12:35-40, 예수님의 비유

주님의 음성에 바로 순종할 수 있도록 준비하십시오.
등불이 꺼지지 않도록 항상 밝혀두십시오.
마음의 창문을 통해 하나님을 계속해서 바라보십시오.
하나님이 문을 두드리시면 곧바로 문을 여십시오.
하나님은 이처럼 충실한 종을 자랑스러워하시며 돌보아주십니다.
하나님이 언제 문을 두드리실지 모르기 때문에
언제나 문을 열 준비를 하고 있는 충실한 종이 되십시오.

사랑하는 주 하나님, 저를 향한 주님의 음성에 귀 기울이기를 원해요.
주님의 음성에 즉각 순종하는 제가 되게 해주세요. ✛ 아멘!

잃어버린 동전

누가복음 15:8-10, 예수님의 비유

은으로 만든 특별한 동전 10개를 가진 여인이 있었습니다.
그중 하나를 잃어버린 여인은 온 집안을 샅샅이 뒤져
마침내 동전을 찾았습니다.
잃어버린 동전을 찾은 여인은 친구들을 불러
잔치를 열어 기쁨을 나눴습니다.
우리 죄를 용서해 주기 위해 우리를 대신해서 돌아가신
예수님을 믿기로 한 사람이 돌아올 때마다
천국에서는 이와 같은 잔치가 벌어지고 있습니다.

사랑하는 주 하나님, 사람들이 주님께 돌아올 때마다 주님은 크게 기뻐하세요.
더 많은 사람들이 주님을 믿을 수 있게 열심히 전도하도록 도와주세요. ✚ 아멘!

돌아온 탕자

누가복음 15:10-20, 예수님의 비유

살아계신 아버지에게 유산을 미리 달라고 요구하는
불효자 아들이 있었어요.
돈을 받은 아들은 먼 곳으로 떠나 흥청망청 돈을 다 써버렸어요.
모든 돈을 탕진하고 밥도 챙겨 먹지 못할 정도가 되고서야
아들은 자신이 얼마나 어리석은 짓을 저질렀는지 깨달았어요.
아들은 혹시 아버지가 자신을 받아줄까 싶어
눈물을 흘리며 집으로 돌아갔어요.
놀랍게도, 아버지는 돈을 다 쓰고 거지꼴로 돌아온 아들을
따스하게 안아주었어요.
하나님 아버지가 바로 우리를 이처럼 사랑하세요.
어떤 잘못이라도 진심으로 뉘우치고 다시 돌아오면
하나님은 우리 죄를 용서해 주세요.

사랑하는 주 하나님, 이야기에 나오는 아들처럼
주님을 떠나는 어리석은 실수를 하지 않도록 제 마음을 지켜주세요. ✚ 아멘!

잠든 나사로

요한복음 11:7-25

하루는 예수님이 제자들에게 말씀하셨어요.
"내 친구 나사로를 만나러 가자.
나사로가 죽었다고 하나 내가 다시 깨울 것이다."
예수님과 제자들이 도착했을 때
나사로는 죽은 지 4일이 지난 상태였어요.
예수님은 나사로의 누이인 마르다에게 말씀하셨어요.
"내가 나사로를 다시 살릴 것이다."
이 말을 들은 마르다가 대답했어요.
"저도 나사로가 천국에서 다시 살아났다는 것을 믿고 있습니다."
그러나 예수님은 진짜 부활을 말씀하셨어요.
"나를 믿어라. 이미 죽은 사람이라 해도 나는 다시 살릴 수 있다."

사랑하는 주 하나님, 위험하고 불편한 상황에 처해 있어도 주님을 끝까지 의지하게 해주세요.
의심 없는 진짜 믿음을 제 마음에 주세요. ✚ 아멘!

411

돌을 굴리신 예수님

요한복음 11:28-37

마르다의 동생 마리아는 예수님이 오셨다는 소식에
달려 나와 목 놓아 외쳤어요.
"예수님이 여기 계셨으면 나사로가 죽지 않았을 겁니다."
마리아의 눈물을 본 예수님은 매우 슬퍼하셨어요.
시체는 깊은 동굴 안에 있었고 입구는 큰 돌로 막혀있었어요.
사람들과 시체를 찾은 예수님은 매우 슬퍼하셨어요.
이 모습을 본 어떤 사람은
"예수님이 저토록 나사로를 사랑하셨구나!"라고 말했어요.
그러나 어떤 사람은 예수님의 능력에 의문을 품었어요.
"아무리 예수님이라도 죽은 나사로를 다시 살려낼 수 있을까?"

사랑하는 주 하나님, 주님도 친구가 세상을 떠났을 때 매우 슬퍼하셨어요.
제가 슬픔에 빠져있을 때에는 주님도 함께 슬퍼하면서
저를 위로하신다는 사실을 잊지 않게 해주세요. ✚ 아멘!

되살아난 나사로

요한복음 11:38-44

나사로의 무덤 앞에 선 예수님은
"무덤을 막고 있는 돌을 굴려라"라고 말씀하셨어요.
이 말을 들은 마르다는 깜짝 놀랐어요.
"이미 나사로는 죽은 지 4일이나 지났습니다!"
예수님이 다시 말씀하셨어요.
"내가 나사로를 살리겠다고 한 말을 믿지 않는구나."
사람들이 예수님의 말씀을 따라 무덤을 막고 있는 돌을 굴리자
예수님은 하나님께 감사의 기도를 하셨어요.
기도를 마치신 예수님이 무덤을 향해 외쳤어요.
"나사로야, 무덤 밖으로 나오거라!"
나사로는 상한 곳 하나 없이 멀쩡히 무덤 밖으로 걸어 나왔어요.

사랑하는 주 하나님, 나사로를 죽음에서 살리신 것처럼, 주님에게 불가능한 일은
아무것도 없음을 고백하는 제가 되게 해주세요. ✚ 아멘!

예수님을 찾아온 아픈 사람들

누가복음 17:12-14

마을을 지나고 있는 예수님에게
한 무리의 사람들이 찾아왔어요.
"예수님! 전능하신 분이시여! 우리를 도와주세요."
심한 피부병을 앓고 있는 10명의 간곡한 외침을 들은
예수님이 말씀하셨어요.
"지금 제사장에게 가서 너희 몸을 보여주어라.
너희 모두가 낫게 되었음을 제사장이 바로 알 것이다."
아픈 사람들이 제사장 앞에 가자마자 그들의 병이 즉시 나았어요.

사랑하는 주 하나님, 주님은 세상을 창조하신 전능하신 주님이십니다.
주님은 고치지 못할 병이 없는 능력의 주님이심을 고백합니다.
제가 병든 사람이 고쳐지기를 기도하게 해주세요. ✚ 아멘!

단 한 명의 감사

누가복음 17:15-19

10명의 아픈 사람 중 9명은 유대인이었고
1명은 다른 나라에서 온 이방인이었어요.
예수님의 말씀대로 병이 나은 이방인은
마을로 돌아가 예수님을 찾았어요.
예수님이 계시지 않는 곳에서도
그는 예수님의 이름을 높였어요.
마침내 예수님을 발견한 이방인은
예수님의 발 앞에 엎드려 깊은 감사를 전했어요.
이방인을 본 예수님이 말씀하셨어요.
"나는 너뿐 아니라 10명의 병을 고쳐주었다.
그런데 다른 9명은 어디 있느냐?"
예수님께 감사하러 온 사람은
사회에서 천대받던 이방인 1명뿐이었어요.
예수님이 이방인에게 말씀하셨어요.
"일어나거라. 너의 믿음이 너를 낫게 한 것이다."

416

사랑하는 주 하나님, 예수님은 이미 저에게 많은 복을 베풀어주셨어요.
그 사실을 잊지 않고 항상 감사하며 살아가는 제가 되게 도와주세요. ✚ 아멘!

예수님과 아이들

마가복음 10:13-16

사람들은 항상 예수님과 가까이 있기를 원했어요.
예수님이 가시는 곳은 어디든지 사람들로 붐볐어요.
사람들이 너무 많아 제자들이 아이들을 쫓아내려고 하자
예수님이 제자들을 막으셨어요.
"아이들을 쫓아내지 말아라!
오히려 아이들을 내 곁에 가까이 두어라."
예수님은 아이들을 품에 안으시고 축복해 주셨어요.

사랑하는 주 하나님, 주님은 언제나 곁에 오는 아이들을 반겨주셨어요.
저와 같은 아이들을 사랑해 주시고, 축복해 주셔서 감사해요.
저도 아이들을 반기며 그들을 축복하게 해주세요. ✚ 아멘!

예수님을 찾아온 부자 청년

마가복음 10:17-21

한 젊은 부자가 급하게 예수님을 찾아와 무릎을 꿇고
가르침을 청했어요.
"어떻게 해야 영원한 생명을 얻을 수 있습니까?
십계명은 이미 지키고 있습니다."
청년의 말이 사실이라는 걸 알았던 예수님은
사랑스러운 눈길로 바라보시며 말씀하셨어요.
"그러나 네가 한 가지 놓친 것이 있다.
너의 모든 재산을 팔아 가난한 사람들에게 나눠주고 나를 따라오거라.
그러면 너의 보물이 하늘나라에 쌓일 것이다."

사랑하는 주 하나님, 제 온 마음을 다해서 주님을 섬기길 원해요.
주님을 섬기는 것보다 더 중요한 세상일이 없도록 저를 도와주세요. ✚ 아멘!

바늘구멍과 낙타

마가복음 10:22-27

'모든 재산을 가난한 사람들에게 나누어주라니!'
예수님의 가르침을 들은 부자 청년은 크게 낙심했어요.
청년은 근심과 슬픔이 가득한 기색을 하고
예수님 곁을 떠나갔어요.
예수님이 사람들을 향해 말씀하셨어요.
"부자가 하늘나라에 들어가는 것이 얼마나 힘든지 보았느냐?
차라리 낙타가 바늘구멍으로 들어가는 것이 쉬울 것이다.
그럼에도 불구하고 하나님께 불가능한 일은 아무것도 없다."

사랑하는 주 하나님, 불가능한 일이 없으신 주님을 섬기게 해주셔서 감사해요.
주님은 정말로 모든 것을 하실 수 있는 분이라는 것을 믿어요.
어떤 일도 주님을 통해 해결하게 해주세요. ✝ 아멘!

나무에 올라간 삭개오

누가복음 19:1-5

사람들로부터 돈을 빼앗으며 살아온 삭개오는
키는 매우 작았지만 아주 부자였어요.
어느 날 여리고 지역을 방문한 예수님을 보려고
사람들이 아주 많이 몰려들었어요.
삭개오 역시 예수님을 보고 싶었지만
키가 작은 나머지 나무 위로 올라갔어요.
나무 근처를 지나시던 예수님은
삭개오를 향해 말씀하셨어요.
"삭개오야, 이리로 내려오거라.
내가 오늘 밤 네 집에서 너와 함께
저녁을 먹을 것이다."

사랑하는 주 하나님, 주님은 언제나 변함없이 저를 사랑해 주시고 용서해 주세요.
삭개오와 같은 잘못을 저질렀어도 죄를 자백하고
주님께 돌아올 수 있는 용기를 주세요. ✚ 아멘!

423

변화된 삭개오

누가복음 19:6-10

예수님은 여리고의 많은 사람 중에
모든 사람이 싫어하던 삭개오를 선택하셨어요.
삭개오는 예수님의 부름을 받고 나무에서 내려와 달려왔어요.
예수님이 친구가 되어주신다는 말에
삭개오의 얼굴은 기쁨으로 가득했어요.
"나의 주님, 저의 재산 절반을 팔아서
가난한 사람들에게 나눠주겠습니다.
또 제가 다른 사람의 돈을 빼앗은 적이 있다면
그보다 더 많은 보상으로 갚겠습니다."
회개하며 용서를 구하는 삭개오를 예수님은 기쁘게 바라보셨어요.

사랑하는 주 하나님, 주님을 온 마음으로 사랑하고 섬길 때
무엇이 옳고 그른지 삭개오처럼 알게 돼요.
다른 이웃을 올바로 섬길 수 있는 주님의 자녀가 되게 해주세요. ✚ 아멘!

값비싼 향유

마태복음 26:6-13; 마가복음 14:3-9; 요한복음 12:2-8

예수님이 시몬의 집에서 식사하고 있을 때 마리아가 찾아왔어요.
예수님의 발 앞에선 마리아는 특별히 준비해온 매우 비싼 향유를
예수님의 발에 붓고 자기 머리로 닦아냈어요.
제자들은 이 모습을 보고 매우 불쾌해했어요.
"예수님, 이 비싼 향유를 살 돈으로
가난한 사람들을 돕는 것이 낫지 않겠습니까?"
그러나 예수님은 미소를 지으며 대답했어요.
"마리아는 옳은 일을 하는 것이다.
가난한 사람은 항상 너희와 함께 있겠지만,
나는 항상 너희와 함께 있을 수 없다."

사랑하는 주 하나님, 제가 가장 아끼는 보물보다 주님을 더 소중히 여기기를 원해요.
제가 가진 모든 것보다 주님을 더욱 아끼게 해주세요. ✚ 아멘!

예수님이 타실 나귀

마태복음 21:1-7

예수님은 두 제자에게 예수님이 타실 나귀를
구해오라고 말씀하셨어요.
"내가 타야 할 나귀라고 말하면 주인이 바로 내줄 것이다."
예수님이 타실만한 나귀를 발견한 두 제자가
예수님이 일러주신 대로 말하자
주인이 대답했어요.
"아무 문제 없습니다. 나귀를 가져가십시오."
제자들이 옷으로 안장을 만들자 예수님은 이 나귀를 타고
예루살렘으로 들어가셨어요.

사랑하는 주 하나님, 주님이 계획하신 일을 이루실 주님의 특별한 방법이 있음을 믿어요.
제 삶에 주님의 특별한 계획들이 이루어지게 해주세요. ✚ 아멘!

예수님의 예루살렘 입성

마태복음 21:8-11

예수님이 예루살렘에 오셨다는 소식을 들은 사람들은
길가로 뛰쳐나와 자기 옷을 벗어
예수님이 지나갈 길 위에 올려놨어요.
당시 왕이 입성할 때 하는 행동이었어요.
사람들은 종려나무 가지를 흔들며 "호산나!"를 목 놓아 외치며
예수님을 맞았어요.
"예수님이예! 갈릴리에서 온 선지자예!"

사랑하는 주 하나님, 예수님은 다른 왕들처럼 나귀를 타고 도시에 입성하셨어요.
세상의 그 어떤 왕보다 주님이 더 뛰어나신 진짜 왕임을 고백하게 해주세요. ✚ 아멘!

427

상인들을 쫓아내신 예수님

마태복음 21:12-13

예수님은 하나님의 거룩한 성전을
상인들이 장사하는 장소로 사용하며 더럽힌 것을 보고
크게 화를 내셨어요.
"하나님의 성전은 장사하는 곳이 아니라
예배하는 거룩한 곳이다."
예수님은 성전을 장사하는 장소로 만든 모든 물건을
채찍으로 엎어버리고 무자비하게 땅에 던지셨어요.

사랑하는 주 하나님, 교회는 주님을 예배하는 아주 특별한 장소임을 잊지 않게 해주세요.
다른 사람들과 마음을 다해 교회에서 주님을 예배하는 제가 되게 해주세요. ✚ 아멘!

산과 같은 믿음

마태복음 21:18-22

몹시 배가 고팠던 예수님은
근처의 무화과나무에 열매가 있는지 보려고 다가가셨어요.
잎사귀만 무성하고 단 하나의 열매도 맺지 못한 나무를 보고
예수님이 말씀하셨어요.
"이 나무가 다시는 열매를 맺지 못할 것이다."
예수님이 말을 마치자 무화과나무는 말라비틀어졌어요.
이 모습을 보고 놀란 제자들에게 예수님이 말씀하셨어요.
"하나님이 기도를 이루어주실 것이라고 믿어라.
너희가 바라는 것은 무엇이든지 믿음으로 구하라."

사랑하는 주 하나님, 주님의 뜻 안에서 필요한 무엇이든지 주님의 이름으로 구하게 해주세요.
믿음을 구할 때 그 어떤 것이라도 주님이 주실 것을 믿게 해주세요. ✚ 아멘!

429

두 자녀의 비유

마태복음 21:28-32, 예수님의 비유

포도원 농부에게는 두 아들이 있었어요.
첫째 아들은 일을 도우라는 아버지의 말에 싫다고 대답했지만,
마음을 고쳐먹고 나가서 일을 도왔어요.
그러나 둘째 아들은 아버지의 말에 따르겠다고 대답해놓고
누워서 쉬기만 했어요.
두 아들 중 누가 옳은 일을 했을까요?
잘못을 깨닫고 마음을 고쳐먹고 행동한 첫째 아들이에요.

사랑하는 주 하나님, 제가 잘못된 일을 하고 있을 때 금방 깨닫도록 제 마음을 깨워주세요.
항상 주님이 보시기에 옳은 일을 할 수 있도록 저를 도와주세요. ✚ 아멘!

최후의 만찬

요한복음 14장; 마태복음 26:26-30

제자들과 저녁을 드시던 예수님이 말씀하셨어요.
"이제는 내가 가야 할 때가 됐다.
지금은 내가 너희와 함께 있으나
곧 너희가 나를 볼 수 없는 때가 올 것이다."
예수님은 떡을 떼어 제자들에게 나누어주셨고,
드시던 잔을 제자들에게 넘겨주셨어요.
"내가 한 말들을 너희 마음에 새겨라.
말씀을 마음에 새기는 자는 항상 나와 함께 있을 것이다."
예수님과 제자들은 함께 찬양을 부르며 마지막 만찬을 마쳤어요.
식사를 마친 예수님은 제자들을 일으켜 세웠어요.
이제 하나님이 정하신 일을 하기 위해
예수님이 떠날 시간이었어요.

사랑하는 주 하나님, 교회에서 성찬식을 할 때 나누는 떡과 잔을 보고 주님을 기념하게 해주세요.
우리를 위해 희생하신 주님의 사랑을 성찬식 때만 아니라
언제나 떠올리고 감사하게 해주세요. ✚ 아멘!

천국으로 가는 길

요한복음 14:1-6

예수님은 제자들에게 앞으로 일어날 일로 인해
슬퍼하지 말라고 말씀하셨어요.
"하나님을 믿고, 또 나를 믿어라.
아버지의 나라에 내가 먼저 가서
너희가 머물 집을 짓고 있을 것이다."
도마가 물었어요.
"하지만 저희는 그곳으로 가는 길을 모릅니다."
예수님이 대답하셨어요.
"내가 곧 길이요, 진리요, 생명이다.
나를 거치지 않고는 아버지의 집에
누구도 갈 수 없다."

사랑하는 주 하나님, 주님을 믿을 때만 천국에 들어갈 수 있음을 고백합니다.
천국은 주님이 주님을 믿는 우리를 위해 만드신 곳임을 잊지 않게 해주세요. ✚ 아멘!

포도나무와 가지

요한복음 15:1-8, 예수님의 비유

나는 포도나무다.
내 아버지는 포도원 농부시고 너희는 가지다.
열매를 맺지 못하는 가지는 아버지가 잘라낼 것이다.
모든 가지는 열매를 맺어야 한다.
가지가 맺는 열매로 나무는 더욱 풍성해질 것이다.
나와 가까이 머무는 가지가 더 많은 열매를 맺고,
잘려나가지도 않는다.
너희가 나와 가까이 있으면서 내 말을 마음에 기억하면,
구하는 것은 무엇이든지 이루어질 것이다.
네가 맺는 풍성한 열매를 보고 농부이신 내 아버지가
기뻐하시기 때문이다.

사랑하는 주 하나님, 포도나무이신 주님께 항상 붙어있는 가지가 되길 원합니다.
주님이 주시는 양분으로 제 삶에 좋은 열매들이 풍성하게 맺히게 도와주세요. ✝ 아멘!

항상 기뻐하라

요한복음 16장

예수님은 제자들에게 앞으로 일어날 일을 말씀해 주셨어요.
"내 아버지가 계신 곳으로 나는 곧 떠날 것이다."
제자들이 잠시 예수님을 볼 수 없겠지만
곧 다시 나타나실 것이라고 예수님은 말씀하셨어요.
"내가 이 말을 너희에게 하는 것은 마음에 평안을 주기 위해서다.
세상에서 복음을 전하며 살다 보면 많은 어려움이 있을 것이다.
그러나 내가 이미 세상을 이기고 승리했다는 사실을
항상 기억하거라!"

사랑하는 주 하나님, 문제가 생겼을 때에도 기뻐하며 감사하기를 원해요.
주님이 저의 문제를 반드시 해결해 주실 것이라고 믿고 언제나 감사하게 해주세요. ✚ 아멘!

붙잡힌 예수님

마태복음 26:36−56

최후의 만찬을 마치신 후에,
예수님은 겟세마네라는 곳에서 기도를 하고 계셨어요.
기도를 마친 예수님과 제자들 앞을 한 무리의 남자들이 막아섰어요.
그들은 예수님의 제자 유다가 데려온 군인들이었어요.
베드로가 칼을 꺼내 군인들과 싸우려고 하자 예수님이 말리셨어요.
"칼을 넣어라. 이 일은 반드시 일어나야 할 일이다."
예수님은 그들을 물리칠 수 있었지만
성경 예언을 이루기 위해 군인들에게 잡혀갔어요.

사랑하는 주 하나님, 힘든 상황에서도 주님의 뜻을 따르게 해주세요.
저도 언제나 주님의 뜻을 우선으로 삼기 원해요.
제가 마땅히 해야 할 일을 하도록 도와주세요. ✚ 아멘!

예수님을 부인한 베드로

마태복음 26:31-35, 69-75; 요한복음 18:15-27

예수님이 베드로에게 말씀하셨어요.
"닭이 두 번 울기 전 이른 아침에 너는 사람들 앞에서
나를 모른다고 세 번 부인할 것이다."
시간이 흘러 예수님이 군인들에게 잡혀가고
베드로는 사람들에 섞여 불을 쬐고 있었어요.
무리 중 한 사람이 베드로를 알아보고 말을 걸었어요.
"나는 당신을 본 적이 있습니다. 예수님의 제자 아니었나요?"
베드로가 급히 대답했어요.
"예수? 난 들어본 적도 없는 이름이요."
베드로가 예수님을 모른다고 거듭거듭 말하자마자
아침을 알리는 닭의 울음소리가 들렸어요.
그러자 베드로는 예수님의 예언이 생각났어요.
"닭이 두 번 울기 전에 네가 세 번 나를 부인하리라."
베드로는 예수님이 잡혀가자
자신이 제자라는 사실을 드러내는 것을
매우 두려워했어요.

사랑하는 주 하나님, 다른 친구에게 주님을 믿는다고 말하기 힘들 때가 있어요. 어디서나 당당하게 제가 크리스천임을 고백할 수 있는 용기를 주세요. ✚ 아멘!

우리를 위해서

마태복음 27:26-54

결단의 시간이 찾아왔어요.
우리가 지은 모든 죄를 용서해 주고, 구원하기 위해
예수님은 십자가에 못 박히셨어요.
사람들은 예수님을 못 박은 십자가를
높은 언덕 위에 세워놓고
가시로 만든 면류관을 머리에 씌웠어요.
예수님은 그들의 핍박으로 심하게 다치셨고
많은 피를 흘리셨어요.
모든 제자와 친구들은 예수님 곁을 떠났기에
예수님은 홀로 남으셨어요.
그리고 예수님은… 돌아가셨어요.
예수님은 이 모든 일을 겪게 될 것을 아셨지만
담담히 받아들이기로 하셨어요.
하나님이 세상 사람들(우리)의 모든 죄를
용서해 주시기를 바라셨기 때문이에요.
예수님의 죽음으로 세상은(우리는) 구원받게 되었어요.
예수님은 마지막으로
"다 이루었다"라고 말씀하신 후 머리를 숙이시고
눈을 감으셨어요.
영혼이 돌아가신 거예요.

사랑하는 주 하나님, 바로 저를 구원하시려고 주님은 하나뿐인 아들을 세상에 보내주셨어요.
이 놀라운 사랑을 주신 주님께 큰 감사를 드려요. ✚ 아멘!

아리마대의 부자 요셉

마태복음 27:55-61

야고보의 어머니 마리아와 막달라 마리아는
예수님이 돌아가시는 모습을 보고 크게 슬퍼했어요.
그러나 좋은 소식도 한 가지 있었어요.
아리마대의 부자 요셉이라는 사람이
예수님을 장사 지내기 위해
빌라도 총독에게 예수님의 시체를 가져가도 좋다는
허락을 받았어요.
그러자 요셉과 니고데모는
예수님의 시신을 깨끗한 천에 싼 후
많은 돈을 들여서 무덤으로 쓰려고 준비한
이스라엘식 무덤인 동굴 안에 모셨어요.

사랑하는 주 하나님, 제가 가진 것이 얼마든, 무엇이든 전부 주님을 위해
아낌없이 사용하는 요셉과 니고데모와 같은 제자가 되게 해주세요. ✚ 아멘!

무덤을 지키는 경비병

마태복음 27:62-66

예수님이 돌아가시고 하루가 지났지만
유대인 지도자들은 걱정에 사로잡혔어요.
예수님이 생전에 말씀하신 것처럼 다시 살아난다면
정말로 큰일이었어요.
어쩌면 제자들이 예수님의 시신을 훔쳐 달아난 뒤
다시 살아났다고 사람들을 선동할 수도 있었어요.
유대인 지도자들은 군인을 고용해
예수님의 무덤인 동굴을 지키게 했어요.
그것도 모자라 커다란 바위로 무덤 입구를 막은 후에야
유대인 지도자들은 마음을 놓을 수 있었어요.

사랑하는 주 하나님, 사람들의 생각이 어떠하든 주님의 계획은 반드시 이루어짐을 믿습니다.
불가능이 없으신 주님의 능력을 언제, 어디서든 찬양하게 해주세요. ✛ 아멘!

돌 위의 천사

누가복음 24:1-4; 마태복음 28:1-4

막달라 마리아와 다른 마리아와 몇 여인들은
예수님이 묻히신 곳에 가기 위해 새벽에 길을 나섰어요.
동이 틀 무렵 그녀들이 예수님 무덤 앞에 도착한 순간
갑자기 땅이 흔들렸어요.
무덤을 막고 있던 커다란 바위가 옆으로 밀려났고
그 위에는 천사가 앉아 있었어요.
자욱한 먼지가 가라앉자 바위 위에 앉아있는 천사가 보였고
문을 지키던 경비병이 곤히 잠든 모습도 보였어요.

사랑하는 주 하나님, 무덤의 돌을 굴린 천사처럼,
주님은 때때로 천사들을 통해 놀라운 일을 이루세요.
제 삶에도 도움을 줄 천사를 보내주시고, 어떤 상황에서도 도와주세요. ✚ 아멘!

445

다시 살아나신 예수님

마태복음 28:5-8; 누가복음 24:5-10

천사의 얼굴은 환한 빛으로 빛나고 있었고
천사의 옷은 눈처럼 새하얀 색이었어요.
바위 위에 앉은 천사는 여인들을 보며 말했어요.
"나는 그대들이 예수님을 보러 올 것을 알고 있었습니다.
예수님은 지금 여기 계시지 않습니다."
무슨 소리인지 몰라 동상처럼 굳은 여인들에게
천사가 웃으며 말했어요.
"예수님은 부활하셨습니다.
무덤 안에 시체가 있는지 확인해 보십시오."
천사의 말처럼 무덤 안에는 아무것도 없었어요.
여인들의 마음은 순식간에 환희로 변했고
이 놀라운 소식을 전하기 위해 여인들은
급히 마을로 달려갔어요.

사랑하는 주 하나님, 돌아가신 예수님이 다시 부활하신 믿을 수 없는 일이 일어났어요!
예수님은 죽음을 이기시고 영원히 살아계시는
진정한 구원의 주님이심을 고백하는 제가 되게 해주세요. ✚ 아멘!

예수님의 부활

마태복음 28:8-10

천사와 대화를 마친 여인들은 자기들이 보고 들은 놀라운 소식을
한시라도 빨리 제자들에게 전하기 위해
최대한 빠른 속도로 달려 돌아갔어요.
그런데 돌아가는 길에 어떤 사람이 서 있는 모습이 눈에 들어왔어요.
바로 예수님이었어요!
두 여인은 예수님의 발아래 엎드려 즉시 경배했어요.
예수님이 말씀하셨어요.
"다른 이들도 곧 너희처럼 나를 보게 될 것이라고 가서 전하라."

사랑하는 주 하나님, 예수님은 정말로 살아 계세요! 저도 막달라 마리아와 마리아처럼 예수님이 다시 살아나셨다는 기쁜 소식을 온 세상에 전하게 해주세요. ✚ 아멘!

449

기쁜 소식을 전하는 여인들

누가복음 24:9-12

예수님의 무덤에 갔던 여인들은
문을 부술 기세로 집에 돌아와 사람들에게
"예수님이 부활하셨다"라는 기쁜 소식을 전했어요.
여인들은 천사와 나눈 이야기,
예수님을 직접 만난 이야기를 있는 그대로 말했어요.
그러나 사람들은 여인들의 이야기를 믿지 않았어요.
현실적으로 있을 수 없는 일이라고 생각했기 때문이에요.
예수님의 수제자 베드로조차 진실이 아니라고 생각했어요.
베드로는 여인들의 말이 사실인지 직접 확인해 보기로 했어요.

사랑하는 주 하나님, 살아계신 주님을 제 친구들도 믿게 해주세요.
모든 사람이 주님의 사랑을 알게 해주세요. ✚ 아멘!

예수님의 무덤을 찾아간 베드로

요한복음 20:3-10

베드로는 서둘러 예수님의 무덤으로 달려갔어요.
문이 활짝 열린 무덤으로 들어서자
환한 빛이 무덤의 가장자리를 비추었어요.
베드로는 무덤 곳곳을 둘러봤어요.
무덤에는 예수님의 시신을 싸았던 천과
얼굴을 덮었던 작은 천 조각만이
바닥에 떨어져 있었어요.
무덤 안을 아무리 뒤져도 예수님의 시신은 찾을 수가 없었어요.
결국, 베드로는 비어있는 무덤만을 확인하고 집으로 돌아갔어요.

사랑하는 주 하나님, 이해할 수 없는 상황에 빠져 난처해 있을 때도 주님을 의지하게 해주세요.
세상의 모든 일이 주님의 통제 아래 있음을 잊지 않는 제가 되게 해주세요. ✚ 아멘!

마리아와 비어있는 무덤

요한복음 20:10-14

예수님이 너무 보고 싶었던 막달라 마리아는
베드로와 제자가 떠나자 혼자서 예수님의 무덤 앞에서 울고 있었어요.
그런데 무덤 속을 들여다보니 예수님의 시신은 흔적도 없이 사라졌어요.
대신 두 천사가 무덤 안에 머물고 있었어요.
천사들이 마리아에게 "왜 슬피 우냐?"라고 묻자 마리아가 대답했어요.
"예수님이 어디에 계신지 몰라서 울고 있습니다."
그리고 마리아가 뒤로 눈을 돌리자,
놀랍게도 그곳에 예수님이 계셨어요.
그러나 예수님이 돌아가셨다고 생각했기에
마리아는 그분이 예수님인지 몰랐어요.

사랑하는 주 하나님, 외톨이가 되면 슬픈 마음이 들곤 해요.
그러나 그 순간에도 주님이 저와 함께 하신다는 사실을 믿고 위로를 얻게 해주세요. ✚ 아멘!

예수님과 마리아

요한복음 20:15-18

너무나 오래, 슬프게 울던 마리아는
눈물로 인해 제대로 앞을 볼 수 없었어요.
그래서 앞에 계신 예수님을 몰라보고
오히려 동산지기인 줄 알고 말했어요.
"예수님의 시체를 어디로 옮겼는지 제발 알려주세요."
그러자 익숙한 음성이 들려왔어요.
"마리아야."
눈앞에 있는 분은 동산지기가 아니라 예수님이었어요.
마리아의 마음은 순식간에 사랑으로 충만해졌어요.
마리아는 서둘러 달려가 이 사실을 다른 사람들에게 전했어요.
사람들이 이 사실을 믿든지, 믿지 않든지
마리아는 예수님과 나눈 대화와
예수님이 곧 하늘에 계신 아버지께로
돌아가신다는 사실까지
빠짐없이 전했어요.

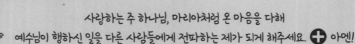

사랑하는 주 하나님, 마리아처럼 온 마음을 다해
예수님이 행하신 일을 다른 사람들에게 전파하는 제가 되게 해주세요. ✝ 아멘!

사람들 앞에 나타나신 예수님

요한복음 20:19-23

제자들은 돌아가셨다고 믿었던 예수님을
다시 만나길 기다렸어요.
여인들의 이야기를 종합해 볼 때 예수님은
살아계신 것이 분명했어요.
어느 순간 갑자기 예수님은 이미 제자들 가운데 나타나셨어요.
"평안이 너희와 함께 할 것이다."
예수님은 축복과 함께 못 자국이 난 손과 발을 보여주셨어요.
부활하신 예수님을 다시 만난 제자들의 마음은
기쁨으로 가득 찼어요.

사랑하는 주 하나님, 언제나 저와 함께 하겠다고 약속해 주셔서 감사해요.
언제나 저와 함께 하시는 주님으로 인해 항상 기뻐하는 제가 되게 해주세요. ✙ 아멘!

도마의 의심과 믿음

요한복음 20:24-29

예수님의 제자 도마 역시 처음에는 다른 제자들과 마찬가지로
예수님이 살아나셨다는 말을 믿지 않았어요.
"예수님의 손에 난 못 자국과 옆구리에 난 창 자국을
직접 만지기 전에는 난 믿지 않을 거야!"
그런 도마 앞에 예수님이 정말로 나타나셨어요.
"도마야. 네 손가락을 내밀어 내 손을 만져 보고
네 손을 내밀어 내 옆구리에 넣어보라."
너무 놀란 도마는 소리쳤어요.
"정말 나의 주님이십니다! 나의 하나님이십니다!"
놀란 도마에게 예수님이 말씀하셨어요.
"나를 직접 보고서야 네가 나를 믿는구나.
그러나 나를 보지 않고도 믿는 사람은 더욱 큰 복을 받은 사람이다."

사랑하는 주 하나님, 제 믿음이 흔들리고 마음에 의심이 싹 틀 때에도 주님을 떠나지 않고 온전히 믿도록 제 신앙을 이끌어주세요. ✚ 아멘!

가득 찬 그물

요한복음 21:1-7

한 남자가 해변에 나타나 바다에서 허탕을 치고 있는
제자들을 향해 외쳤어요.
"고기가 좀 잡히느냐?"
제자들이 "밤새 그물을 던졌지만 한 마리도 잡지 못했어요"라고 하자
남자는 "배의 반대편에 그물을 던지라"라고 일렀어요.
그 말대로 하자 그물이 찢어질 정도로 많은 고기가 잡혔어요.
그제야 제자들은 해변가의 남자가 예수님이라는 사실을 깨달았어요.
가장 먼저 이 사실을 깨달은 베드로는 곧장 배에서 뛰어내려
예수님을 향해 달려갔어요.

사랑하는 주 하나님, 예수님이 주님의 아들이시며,
구주이심을 숨기지 않고 저에게 알려주셔서 감사해요. 예수님을 믿음으로
죄 용서받고 천국에 갈 수 있음을 늘 감사하며 사는 제가 되게 해주세요. ✚ 아멘!

예수님과 베드로

요한복음 21:8-19

제자들이 그물 가득 잡힌 물고기를 해안으로 끌고 왔어요.
고기가 153마리나 잡혔지만, 그물이 찢어지지 않았어요.
예수님은 불을 피우고 생선을 구워 제자들과 식사를 하셨어요.
식사를 마치신 예수님이 베드로에게 물으셨어요.
"네가 나를 사랑하느냐?"
『네. 주님, 제가 사랑한다는 것을 주님도 아십니다.』
예수님은 세 번이나 같은 질문을 하셨고
베드로도 세 번이나 같은 대답을 했어요.
예수님이 말씀을 이으셨어요.
"네가 나를 사랑한다면, 내가 사랑하는 사람들을 돌보아라."
예수님을 부인하고 도망갔던 베드로를 예수님은 용서해 주셨어요.
예수님은 베드로에게 다른 성도들을 돌보라는
중요한 일도 맡기셨어요.

사랑하는 주 하나님, 베드로처럼 주님이 사랑하는 사람들을 저도 돌보고 싶어요.
다른 사람들을 돌볼 수 있는 사랑의 방법을 제가 깨닫게 도와주세요. ✚ 아멘!

하늘로 올라가신 예수님

사도행전 1:6–11

예수님은 마지막으로 제자들을 찾아오셨어요.
그리고 제자들이 참된 증인이 되기를 바라셨어요.
예수님은 하나님이 주신 기쁜 소식인 복음을
온 세상에 전하라고 제자들에게 명령하셨어요.
말씀을 마친 후 예수님은 구름 위로 들리어 하늘로 올라가셨어요.
제자들은 이제는 정말로 예수님을 볼 수 없다는 사실을 깨달았어요.
높은 산 위에서 이 장면을 바라보던 두 천사가
남아있는 사람들에게 말했어요.
"예수님이 하늘로 올라가신 것처럼,
다시 세상에 찾아오실 것이다."

사랑하는 주 하나님, 하늘로 승천하신 주님이 언젠가 다시 이 땅에 오실 걸 믿어요. 구원의 약속을 주신 주님께 늘 감사하게 해주세요. ✚ 아멘!

성령의 선물

사도행전 2:1-17

부활하신 예수님은 제자들에게
앞으로 세상에 예수님을 전하라고 말씀하신 뒤
하늘로 올라가셨어요.
그 뒤 제자들은 남자, 여자 상관없이 한 방에 모여
예수님이 가르쳐주신 것처럼 하나님께 간절히 기도했어요.
그러자 갑자기 거센 바람 소리가 방안에서 들리기 시작했어요.
하나님의 성령이 방 안을 가득 채우는 소리였어요.
제자들의 머리 위에 작은 불같은 것이 떠있었어요.
제자들은 서로 다른 나라의 말로 방언을 시작했고,
각 나라에서 온 사람들이 자기 고향 말을 들으며 놀라워했어요.
하나님이 보내신 성령님이 제자들과 함께하고 있다는 신호였어요.

사랑하는 주 하나님, 성령님은 제 마음에 힘을 주시고, 어떤 일을 해야 할지를 알려주시는 분이세요. 귀한 성령님을 저에게 보내주셔서 감사드려요. ✚ 아멘!

앉은뱅이를 걷게 한 베드로

사도행전 3:1-8

하루는 성전 입구에서 구걸하는,
다리가 불편한 사람을 보고 베드로가 다가갔어요.
"나는 돈은 없지만 당신에게 줄 수 있는 것이 있소.
예수님의 이름으로 말하노니 지금 일어나 걸으시오."
다리가 불편한 사람이 베드로의 말을 이해하지 못해
가만히 쳐다보고 있자
베드로가 손을 잡고 일으켜 세웠어요.
그 순간 아픈 다리에 힘이 들어가 멀쩡히 서게 되었어요.
잠시 뒤 남자는 걸을 수 있게 됐고, 곧 뛸 수도 있게 됐어요.
하나님의 기적을 경험한 남자는 성전을 뛰어다니며
놀라운 하나님의 능력을 찬양했어요.

사랑하는 주 하나님, 저도 베드로처럼 주님을 위한 놀라운 일을 하고 싶어요.
다른 사람을 도울 준비가 항상 되어 있는 제가 되게 해주세요. ✚ 아멘!

복음을 전하러 떠난 빌립

사도행전 4:32-37, 5:12-16, 8:4-8

예수님의 제자들은 서로의 물건을 내어놓고 함께 사용했어요.
제자들은 거리, 교회 등을 가리지 않고 예수님의 가르침을 전했고,
아픈 사람들을 고쳐주었어요.
날이 갈수록 예수님을 믿는 사람들은 늘어났어요.
제자 빌립은 "어디서나 복음을 전하고 사람들이 받아들이지 않으면
발의 먼지를 털고 곧 다른 곳으로 떠나 다시 복음을 전하라"라는
예수님의 말씀을 잊지 않고 실천했어요.
빌립은 유대인들이 기피하는 사마리아 지역까지 들어갔고,
거기서도 예수님을 전했어요.

사랑하는 주 하나님, 주님은 제가 언제 머물고, 언제 떠나야 할지 말씀해 주시는 분이세요.
주님의 말씀을 따라 떠나기도 하고, 머물기도 하는 제가 되게 해주세요. ✚ 아멘!

465

감옥에 나타난 천사

사도행전 5:12-42

이스라엘의 종교지도자들은 여전히 예수님을 전하며
큰 능력을 보이는 베드로와 예수님의 제자들의 모습에
눈살을 찌푸렸어요.
"왜 저 사람들이 아직도 죽은 예수를 전하고 있지?"
마음에 시기, 질투가 생긴 종교지도자들은
예수님의 제자들을 감옥에 가두었어요.
그러나 그날 밤 천사가 나타나 감옥 문을 열어주며
"예수님을 계속해서 전파하고 복음을 전하며 가르치라"라고 격려했어요.
다음 날 아침, 종교지도자들은 감옥에 있어야 할 제자들이
여전히 거리에서 예수님을 전하는 모습을 보고 깜짝 놀랐어요.
놀란 종교지도자들에게 베드로가 당당히 말했어요.
"우리는 사람의 말에 순종하지 않고 하나님의 말씀에만 순종합니다."
베드로와 제자들은
만나는 누구에게나
예수님이 주신
복음을 전했어요.

사랑하는 주 하나님, 사람들에게 복음을 전하기 위해서라면
주님은 불가능한 모든 일을 해결해 주세요.
저도 주님의 복음을 어디서나 전하는 믿음의 사람이 되게 해주세요. ✚ 아멘!

스데반의 순교

사도행전 6-7장

스데반은 예수님의 제자들을 돕는
매우 지혜롭고 성령이 충만한 사람이었어요.
예수님을 너무도 잘 설명한 스데반의 설교는
유대인 종교지도자들을 화나게 했어요.
더는 예수님에 대해서 듣고 싶지 않았던 종교지도자들은
예수님을 끊임없이 전하는 스데반을 죽이기로 했어요.
유대인 종교지도자들이 스데반을 죽이려고 돌을 던졌지만,
스데반은 여전히 하나님과 함께 있었고,
오히려 자신을 죽이려고 하는 사람들을 용서했어요.

사랑하는 주 하나님, 주님을 믿는다는 이유로 때때로 친구에게 괴롭힘을 당할 수도 있어요.
그럼에도 스데반처럼 담대하게 이겨내고 오히려 친구를 용서하게 해주세요. ✛ 아멘!

마술사 시몬

사도행전 8:9-24

시몬은 여러 가지 신기한 마술을 할 줄 아는 사람이었어요.
시몬은 사람들에게 자랑하며 마술을 보여줬고
사람들은 시몬의 마술이
하나님으로부터 받은 능력이라고 생각했어요.
하지만 사도 빌립은 진정한 하나님의 능력이 무엇인지를 보여줬어요.
예수님의 이름만으로 아픈 사람을 고치는 빌립을 보고
사마리아 사람들은 진정한 하나님의 능력을 깨달았어요.
시몬도 자신의 잘못을 깨닫고 예수님을 믿었어요.

사랑하는 주 하나님, 주님의 이름으로 모든 악을 내쫓을 수 있어요.
다른 어떤 힘이 아닌 주님이 주시는 힘을 의지하며 살아가는 제가 되게 해주세요. ✚ 아멘!

세례(침례)를 받은 아프리카의 귀족

사도행전 8:26-40

길을 가던 빌립이 아프리카의 귀족이 탄
매우 화려한 마차와 마주쳤어요.
마차에 탄 남자가 성경을 읽는 것을 보고 빌립이 물었어요.
"지금 읽고 있는 성경이 이해가 되십니까?"
남자는 이해가 되지 않는다며 빌립에게 가르침을 청했어요.
빌립은 남자에게 성경을 친절하게 가르치며
예수님이 우리를 구원하기 위해
이 땅에 오셨다는 사실을 알려주었어요.
예수님을 믿기로 결심한 남자는 창밖을 보고는 외쳤어요.
"보십시오. 여기 물이 있습니다. 저에게 세례(침례)를 주십시오."
빌립에게 세례(침례)를 받은 남자는 그 어떤 사람보다
행복한 마음으로 다시 길을 떠났어요.

사랑하는 주 하나님, 가까운 시일 내에 주님을 전할 기회를 주세요.
언제, 어디서나 때가 올 때 당당히 전할 수 있는 용기를 저에게 주세요. 아멘!

하나님을 만난 사울

사도행전 9:1-6

예수님 믿는 사람들을 마구잡이로 감옥에 잡아넣는
종교인 사울이라는 남자 때문에
예수님을 사랑하는 제자들은 큰 어려움을 겪고 있었어요.
그때 하나님이 사랑하는 제자들을 구하러 나타나셨어요.
길을 가던 사울의 앞에 갑자기 환한 빛이 나타났어요.
두려움으로 놀라 쓰러진 사울에게
갑자기 하늘에서 음성이 들려왔어요.
"왜 나를 대적하느냐? 이제 일어나 다시 도시로 돌아가라."
예수님은 사울에게 어떤 일을 시키려고 하시는 것 같았어요.
사울은 이 음성에 순종했지만 갑자기 나타난 빛에
눈이 멀었기 때문에 종의 인도를 받아 다시 도시로 돌아갔어요.

사랑하는 주 하나님, 주님은 주님을 대적하던 사울도 구해주신 자비의 주님이세요.
제가 잘못을 저지를 때에도 동일한 자비로 저를 대해주세요. ✚ 아멘!

용기를 낸 사도들

사도행전 9:10-16

"네, 제가 여기 있습니다. 주님."
선지자 아나니아가 하나님의 음성을 듣고 대답했어요.
하나님은 아나니아에게 마을로 내려가
사울이라는 남자를 도우라고 말씀하셨어요.
아나니아가 놀라 대답했어요.
"하지만 주님… 사울은 크리스천들을
감옥에 집어넣는 나쁜 사람입니다!"
하나님은 아나니아에게 "두려워하지 말라"라고 말씀하셨어요.
하나님에게는 사울을 변화시켜 예수님의 이름을 알리는
사도로 사용하실 놀라운 계획이 있으셨어요.
아나니아는 사울을 만나는 게 매우 두려웠지만,
하나님 말씀에 순종했어요.
아나니아는 곧 집을 떠나 사울을 만나러 갔어요.

사랑하는 주 하나님, 옳은 일을 하기 위해 용기가 필요한 순간, 두려워하지 않게 저를 도와주세요.
언제나 주님을 의지하며 어려움을 이겨내는 제가 되게 해주세요. ✚ 아멘!

구원받은 사울

사도행전 9:17-20

사울이 길에서 하나님을 만나 눈이 먼 뒤
어느새 3일이 지났어요.
사울은 하나님의 뜻이 무엇인지를
계속해서 기도로 물었어요.
눈은 보이지 않았지만, 암흑 속에서도
예수님이 함께하심을 느낄 수 있었어요.
어느 순간 사울의 시력이 돌아왔고,
그 앞에는 선지자 아나니아가 서 있었어요.
새롭게 변화된 사울은 즉시 아나니아에게
세례(침례)를 받고자 했어요.
사울은 이제부터는 자기가 만난 예수님,
바로 하나님의 아들을 최대한 많은 사람들에게
전하는 삶을 살아가기로 결심했어요.

사랑하는 주 하나님, 구원받아 눈을 뜬 사울처럼 주님이
구원자라는 사실을 알 수 있는 열린 눈으로 주님의 말씀을 전하게 해주세요. ✚ 아멘!

큰 사랑을 받았던 도르가

사도행전 9:36-41

큰일이 일어났다는 소식을 들은 베드로가
어딘가로 급하게 걸어가고 있었어요.
도착한 집 안에는 많은 여인들이 슬피 울고 있었어요.
여인들은 베드로에게 많은 옷가지를 들고 와서 말했어요.
"얼마 전 세상을 떠난 도르가라는 여인이
우리에게 바느질을 해 준 옷들입니다."
베드로는 사람들을 내보내고 도르가의 시신 앞에 서서
하나님께 기도하며 말했어요.
"일어나라."
베드로의 기도가 끝나자 다시 살아난 도르가는
앞에 있는 베드로의 손을 붙잡았어요.

사랑하는 주 하나님, 주님은 죽은 사람을 다시 살릴 수 있는 능력의 주님이세요.
놀라운 주님을 찬양하며 구원의 주님을 따르는 제가 되게 해주세요. ✚ 아멘!

모든 사람을 환영하는 하나님

사도행전 10:9-35

베드로가 하루는 신기한 환상을 봤어요.
베드로가 먹을 수 없다고 생각하는 음식들과
온갖 음식 재료들이 하늘에서 내려왔어요.
그것들을 먹으라는 하나님의 명령에
베드로는 먹어서는 안 되는 재료가 있어 그럴 수 없다고 대답했어요.
하나님은 모든 음식은 하나님이 주신 좋은 것이라고
베드로에게 말씀하셨어요.
베드로는 곧장 밖으로 나가서 다른 제자들에게
자신이 본 환상을 설명하다가
하나님이 자신에게 이런 환상을 보여주신 이유를 깨달았어요.
"하나님은 복음이 인종, 나라에 상관없이
모든 사람에게 퍼져나가기를 원하십니다."
베드로는 자신이 깨달은 것을 다른 제자, 친구들과도 나누었어요.

사랑하는 주 하나님, 세상에 있는 모든 사람을 구원하기를 원하시는 주님이세요.
인종이나 외모, 나이로 사랑을 차별하지 않고
모두를 평등하게 생각하는 제가 되게 해주세요. ✚ 아멘!

지진으로 열린 문

사도행전 16:23-26

사도 바울은 예수님의 제자를 핍박하던 사울의
새로운 직함과 이름이었어요.
바울은 갈 수 있는 모든 지역을 다니며
예수님이 주신 복음을 전했어요.
복음을 전하다 감옥에 갇혔을 때도 바울은 용기를 잃지 않았어요.
바울과 실라는 늦은 밤까지 하나님께 기도하며 찬양을 불렀어요.
그러자 갑자기 큰 지진이 일어나 감옥 문이 열리는 기적이 일어났어요.
모든 죄수의 사슬도 풀어져 자유로운 몸이 됐어요.

사랑하는 주 하나님, 복음을 전하려고 주님과 동행했던 바울처럼
저도 주님과 동행하며 위대한 모험을 경험하게 해주세요. ✚ 아멘!

구원받은 간수

사도행전 16:26-34

단단한 감옥의 철문이 오직 기도의 힘으로 열렸어요.
큰 두려움과 혼란에 빠진 간수는
바울과 실라를 찾아와 무릎을 꿇었어요.
"제가 어떻게 해야 구원을 얻을 수 있습니까?"
두 사도는 예수님을 믿기만 하면
구원받을 수 있다고 가르쳐주었어요.
간수는 두 사도를 집으로 데려와 대접하고
가족들에게도 복음을 전했어요.
간수와 가족들은 함께 예수님을 믿고 세례(침례)를 받았어요.
온 가족이 함께 구원을 받았다는 사실에 간수의 마음은
하나님이 주신 기쁨으로 가득 찼어요.

사랑하는 주 하나님, 주님은 가장 나쁜 상황도 가장 좋은 상황으로 변화시켜주시는 분이세요.
훌륭한 주님의 계획과 능력을 찬양하게 해주세요. ✝ 아멘!

로마로 떠나는 바울

사도행전 27장

감옥에서 풀려난 바울은 다시 복음을 전하다가 쇠사슬을 찼어요.
유대인들은 어떤 위협에도 전도를 멈추지 않는 바울을
당시 가장 높은 권력자인 황제 시저에게 보내기로 했어요.
바울을 태운 배는 폭풍우를 만나 암초를 이리저리 피해 다녔어요.
바울은 간수에게 항해를 당장 멈추라고 경고했으나
일개 죄수인 바울의 말을 누구도 귀담아듣지 않았어요.
폭풍우는 시간이 지날수록 더 거세졌어요.
선원들이 모든 희망을 포기한 순간 바울이 외쳤어요.
"두려워하지 마십시오. 아무도 죽지 않을 것이라고
하나님이 말씀하셨습니다."
간밤에 천사가 바울을 찾아와
모든 사람이 무사히 섬에 도착할 것이라고
말해주었기 때문이에요.
그 순간 선원들은 바로 앞에 섬이 나타나는
믿을 수 없는 광경을 목격했어요.

사랑하는 주 하나님, 어떤 상황에서도 희망을 잃지 않게 도와주세요.
성경을 통해 저에게 하시는 주님의 말씀이 전부 진리라는 것을 믿게 해주세요. ✚ 아멘!

난파된 사람들

사도행전 28장

모든 사람이 배에서 뛰어내려 해안으로 헤엄쳤어요.
섬의 원주민들은 난파된 사람들을 친절히 맞아주고
먹을 것을 주었어요.
모닥불 가까이에서 몸을 말리고 있는 바울을
독사가 나타나 물고 도망갔어요.
원주민들은 독사에 물리고도 멀쩡히 살아있는 바울을
의심할 필요도 없는 하나님의 사람이라고 생각했어요.
바울은 섬의 아픈 사람들을 치료해 주었고,
이 소식을 듣고 찾아온 다른 사람들도 계속해서 치료해 주었어요.
부서진 배의 수리가 끝나자 바울과 선원들은
원주민들에게 감사 인사를 전하고 다시 항해를 떠났어요.

사랑하는 주 하나님, 외딴섬에 가더라도, 더 외딴 그 어디를 가더라도
제가 주님을 당당히 전할 수 있게 도와주세요. ✚ 아멘!

바울이 교회에 쓴 편지

고린도전서 1:11-18

바울은 자신이 개척했던 한 교회에 편지를 썼어요.
"성도들 간에 다툼이 일어났다는 말을 들었습니다.
말씀을 가르치는 선생님을 따라 편을 갈랐다면서요?
예수님 말고 여러분의 죄를 위해 돌아가신 사람이 또 있습니까?
여러분은 예수님의 이름으로 세례(침례)를 받은 것이 아닙니까?
여러분은 사람이 아닌 오직 예수님만 따라야 합니다.
나는 여러분이 듣기 좋은 말이 아닌 진리를 전하려고
찾아간 것입니다.
여러분도 사람이 아닌 하나님만을 따르십시오."

사랑하는 주 하나님, 신앙 때문에 친구나 가족과 다툴 수도 있어요.
그러나 주님이 저의 죄를 위해서 십자가에 달려 돌아가셨다는 사실을
항상 기억하게 해주세요. ✚ 아멘!

제일인 사랑

고린도전서 13:1-3

내가 세상의 모든 언어를 사용할 수 있다고 해도,
혹은 천사의 말을 할 수 있다고 해도,
그 안에 사랑이 담겨 있지 않으면 그저 잡음일 뿐입니다.
내가 세상의 모든 지식을 알고 있으며,
세상에서 가장 지혜로운 사람이라 하더라도,
심지어 산을 옮길 믿음이 있는 사람이어도,
다른 사람을 사랑하지 않으면 아무런 의미가 없는 일입니다.

사랑하는 주 하나님, 아무리 위대한 일을 이루어낸다 해도 사랑이 없다면 모두 헛일이에요.
무슨 일을 해도 사랑의 마음을 담아서 하는 제가 되게 해주세요. ✚ 아멘!

참된 사랑이란

고린도전서 13:4-8

사랑은 인내입니다.
사랑은 친절입니다.
사랑하는 사람은 다른 사람의 것을 탐내지 않습니다.
다른 사람 앞에서 자랑하지 않으며,
다른 누구를 괴롭히지 않는 것이 사랑입니다.
사랑은 시기하지도 않고, 화를 내지도 않습니다.
사랑은 오히려 용서입니다.
사랑하는 사람은 진실이 주는 행복을 아는 사람이며
거짓말을 멀리합니다.
지켜주고 믿어주는 것이 사랑입니다.
그리고 사랑은 항상 희망을 품습니다.
사랑은 결코, 결코, 결코, 포기하지 않습니다.
세상의 수많은 가치들이 있을지라도 사랑은
결코 실패하지 않습니다.

사랑하는 주 하나님, 사랑한다고 말로만 하지 않고 행동으로 표현하는 제가 되게 해주세요.
주님이 가르쳐주신 대로 다른 사람을 사랑하는 제가 되게 해주세요. ✚ 아멘!

예수님이 주시는 평안

빌립보서 4:8-9

진리를 항상 마음에 품으십시오.
공의가 무엇인지 항상 생각하십시오.
신실함과 사랑을 마음에 담아두십시오.
이와 같이 다른 좋은 것들을 항상 마음에 두고 생각하십시오.
하나님이 가르쳐주신 이 귀한 것들을
매일 마음에 담아두는 연습을 하는 것이 바로 평안입니다.
하나님이 가르쳐주신 말씀을 지키고자 할 때
하나님이 여러분에게 평안을 주십니다.

사랑하는 주 하나님, 주님이 주시는 참된 평안을 누리며 살아가길 원해요.
순수하고, 공평하고, 사랑스러운 삶을 살아가는 제가 되게 해주세요. ✚ 아멘!

화를 다스리는 법

야고보서 1:17-20

사람이 누릴 수 있는 모든 좋은 것들은
하늘에 계신 하나님이 주시는 것입니다.
하나님은 예수님을 통해 우리에게 영원한 생명을 주셨습니다.
우리의 삶은 하나님이 주신 귀한 선물이기에
쉽게 화를 내서는 안 됩니다.
화는 우리의 삶과 관계를 망칩니다.
먼저 상대방의 말을 끝까지 듣고
신중하게 내가 할 말을 생각해야 합니다.
이렇게 행동하는 것이 하나님의 자녀다운 모습입니다.

사랑하는 주 하나님, 제가 감정적으로 화를 내지 않게 하시고
언제나 잠시 생각하고 말을 하는 지혜를 제게 허락해 주세요. ✚ 아멘!

선과 악

베드로전서 2:21-24

예수님은 아무런 죄도 없으신 분이십니다.
사람들이 예수님을 먼저 미워해도
예수님은 똑같이 미워하지 않으셨습니다.
예수님은 사람들에 대한 모든 심판을
선과 악을 판단하실 수 있는 유일한 분에게 맡기셨습니다.
예수님은 사람들을 치유하고, 구원하고,
어떤 삶이 올바른 삶인지
가르쳐주기 위해
우리에게 오셨습니다.

사랑하는 주 하나님, 주님이 우리의 구원주이시며 주님이심을 감사합니다.
모든 일을 선과 악을 판단하시는 주님께 맡기며
주님이 가르쳐주신 올바른 삶을 살게 해주세요. ✝ 아멘!

유일한 세상의 빛

요한1서 1:5-9, 2:8

하나님은 세상에서 비교할 수 없는 가장 밝은 빛이십니다.
빛은 우리를 볼 수 있게 만들고, 안전하게 지켜줍니다.
우리가 하나님을 믿을 때 이처럼 환한 빛이
우리를 둘러싸기 때문에 우리도 빛처럼 살아갈 수 있게 됩니다.
예수님을 비추었던 사랑과 선한 것들로 가득한 빛이
우리에게도 비출 것입니다.

사랑하는 주 하나님, 세상의 어둠을 비추기 위해 주님이 빛으로 오셨음을 믿어요.
저도 주님의 마음을 품고 세상을 비추는 작은 빛으로 살아가게 해주세요. ✚ 아멘!

495

세상의 시작과 끝

요한계시록 22:12-14

주 예수님이 말씀하셨어요.
"나는 알파와 오메가요 처음과 나중이요 시작과 끝이라."
"보라 내가 속히 오리니 내가 줄 상이 내게 있어
각 사람에게 그의 일한대로 갚아 주리라."
만약에 우리가 예수님을 전심으로 믿고 따랐다면
우리는 영원한 생명과 천국에 들어가 상급을
선물로 받을 수 있습니다.

사랑하는 주 하나님, 주님은 세상의 시작과 끝, 모든 것을 주관하고 창조하신 분이세요.
주님을 믿고, 주님의 명령을 지키며 살아가게 해주세요. ✝ 아멘!

천국의 기쁨

요한계시록 21:4-22:5

천국에서는 더 이상 죽음도 없고, 슬픔도 없습니다.
하나님이 우리의 모든 눈물을 직접 닦아주실 것입니다.
천국의 위대한 도시들의 모든 건물은 황금으로 지어져 있고,
문들은 진주로 장식되어 있습니다.
찬란한 빛이신 하나님과 함께
천국에서 영원히 살아가는 기쁨을
우리는 천국에서 누릴 수 있습니다.
우리 모두 예수님을 구원주와 주님으로 믿어서
우리 모두 천국에서 만나요!

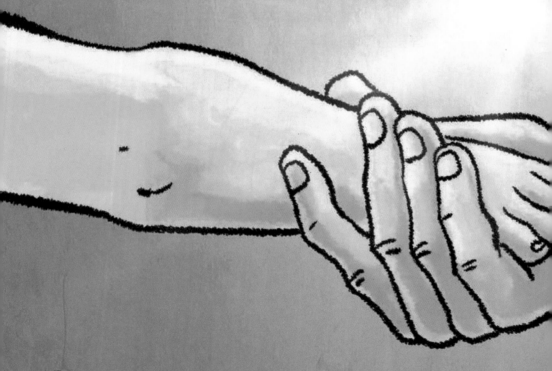

 사랑하는 주 하나님, 천국은 주님이 세우신, 부족한 것이 없는 영원한 기쁨의 나라예요.
주님을 믿음으로 저도 천국에 들어가 주님과 함께 영원한 기쁨을 누리게 해주세요. ✚ 아멘!

〈우리 모두 예수님을 믿음으로, 천국에서도 만납시다!〉

① 자녀를 위한 무릎 기도문

하나님의 사랑받는 자녀로
성장시키기 위한 기도서!

② 가족을 위한 무릎 기도문

하나님의 축복받는
가정이 되기 위한 기도서!

③ 태아를 위한 무릎 기도문

태아와 엄마를
영적으로 보호하고
태아의 미래를 준비하는
태담과 태교 기도서!

④ 아가를 위한 무릎 기도문

24시간 돌봐주시는 하나님께
우리 아가를 맡기는 기도서!

⑤ 십대의 무릎 기도문

멋지고 당당한
십대 되게 하는 기도서!

⑥ 십대 자녀를 위한 무릎 기도문

멋지고 당당한
십대 자녀 되게 하소서

⑦ 재난재해안전 무릎 기도문 〈자녀용〉

불의의 재난 사고로부터
자신을 지키는 방법을
배우는 기도서!

⑧ 재난재해안전 무릎 기도문 〈부모용〉

불의의 재난 사고로부터
자녀를 지키는 방법을
배우는 기도서!

남편을 위한
무릎 기도문

사랑하는 남편의
신앙, 건강, 성공 등을
이루게 하는 아내의 기도서!

아내를 위한
무릎 기도문

아내를 끝까지 지켜주는
남편의 소망, 소원,
행복이 담긴 기도서!

워킹맘의
무릎 기도문

좋은 엄마/좋은 직원/
좋은 성도가 되기위해
노력하는 워킹맘의 기도서!

손자/손녀를 위한
무릎 기도문

어린 손주 양육에
최선을 다하는
조부모의 손주를 위한 기도서!

자녀의
대입 합격을 위한
부모의 무릎 기도문

자녀 합격을 위한
30가지 주제와
30일간 기도서!

대입 합격을 위한
수험생 무릎 기도문

수험생을 위한
30가지 주제와
30일간 기도서!

태신자를 위한
무릎 기도문

100% 확실한 전도를 위한
30일간의 필수 기도서!

새신자
무릎 기도문

어떻게 믿어야 할지 모르는
새신자가 30일 동안 스스로
기도하게 하는 기도서!

교회학교 교사
무릎 기도문

반 아이들을 위해
실제로 기도할 수 있게 하는
교회학교 교사들의 필수 기도서!

선포(명령)
기도문

소리내 믿음으로 읽기만 해도
주님의 보호, 능력, 축복,
변화와 마귀를 대적하는
강력한 선포기도가 됩니다!

성경적/역사적/신학적/과학적 방법을
동시에 사용하여 성경 개요를 한 눈에 파악할 수 있도록 하여,
성경의 흐름을 많은 도표와 그림을 통해 시각화한 책!

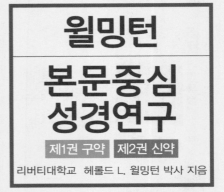

윌밍턴

본문중심
성경연구

제1권 구약   제2권 신약

리버티대학교   헤롤드 L. 윌밍턴 박사 지음

성경을 역사적 배경과 연대기적으로 이해하고
성경 66권의 흐름을 한 눈으로 볼 수 있는 책!

Step-by-Step
성경여행

제1권 구약   제2권 신약

고은주 편저